市民の考古学—15

# つくられた
# エミシ

## 松本建速

同成社

# ま え が き

　この本を手にとった方は、古代の日本列島にエミシやツチグモという名前で呼ばれた人々がいたことを、何かで読んだり聞いたりしたことがあるのでしょう。そして、どちらも今の日本人の祖先よりも先に列島上に住んでいた「先住民」だといわれていることもご存じかもしれません。でも、日本人やその祖先、あるいは日本人より先に住んでいた人とは、一体どういう人のことをいうのでしょう？

　考古学では、アフリカでおよそ20万年前に生まれたホモ・サピエンスが東へ東へと移動して、4万年前の旧石器時代に日本列島上に到達して住み始め、次に縄文時代の人、弥生時代の人、古墳時代の人が住んでいたと、とても簡単に言いますが、その人々はその後の、飛鳥時代、奈良時代、平安時代の人々とはどのような関係にあるのでしょう？　そして平安時代ともなると、「ひらがな」や「かたかな」が使われ、現在の着物に似た「十二単」があったり、文化的にも直接今の日本に続いているように思えますが、そのころ“先住民”はどこに住んでいたのでしょう？

　エミシやツチグモの話に戻ります。そう呼ばれた人々と考古学的に示される土器や遺跡との関係はどうなっているのでしょう？　エミシやツチグモは、8世紀に書かれた『古事記』『風土記』『日本書紀』などに登場しますが、本当に存在したのでしょうか？

　例えば、奇妙な名前で、その名からなんとなく形を想像できそうなツチグモは、8世紀の文献に書かれた後は記録から消え、いつの

間にか妖怪となっていました（小松監 2015）。江戸時代には巨大な蜘蛛として歌舞伎にも登場し、浮世絵にも描かれます。

エミシはどうでしょう。エミシは奈良時代にはエビスと呼ばれ、東北地方の今の宮城県北部より北あたりに住んでいて、8世紀の終わりから9世紀の初めごろ古代日本国軍と大戦争を続けたと、国の歴史書『続日本紀』に書かれています。征夷大将軍の坂上田村麻呂やエビスの武将アテルイなどの名前を知っている方もいるでしょう。

しかしその後、いつの間にかエミシやエビスという名前は使われなくなり、11世紀には北海道あたりに住む人々がエゾと呼ばれるようになっていました。12世紀、京の都の周辺ではエビスは福の神の名前でした。そしてそれ以後、エビスはずっと福の神です。今では商売繁盛の神として日本中で祀られています。このようにエミシやツチグモは、平安時代の間にすでに語られなくなり、その後、神様や妖怪になってしまったようです。それでも、エミシ、エビス、ツチグモが、日本列島上にいた先住民だといえるでしょうか。

ところで、東北地方にはアイヌ語地名と呼ばれる地名が数多くあります。アイヌ語の地名は、「小石の多い川」など、名前の由来を説明する形式が普通なので、現地に行けば、その名がアイヌ語なのか単に音が似ているだけなのか確かめることができ、実際これまでに確かめられた地名が多数あります（山田 1984）。それを残したのがエミシだと一般にはいわれています。また、『続日本紀』にも、エミシと話すのには通訳が必要だったと解釈できる記載があり、エミシはアイヌ語を話していたというのが通説です。そうだとすれば、エミシはアイヌ民族の祖先ということになります。

しかし、これまでの考古学や文献史学では、東北地方の古代のエミシはアイヌ民族となる可能性があったけれども、中世以降に日本

民族になったのだと説明されてきました。エミシの考古学について多くの著作を残した工藤雅樹氏は「東北の蝦夷は、平安時代の末までは政府の直接の支配の外にあって、蝦夷としての実態を有していたのであるが、平泉藤原氏の時代あたりから政府側の直接の支配が及ぶようになり、さらに鎌倉時代になると幕府の支配が東北北部まで及んで、蝦夷としての実態を失い、日本民族の一員となった」（工藤 2001）と述べています。

　文献史学の立場からエミシについて研究してきた熊谷公男氏も、『続日本紀』にエミシと話すのに通訳が必要だったと解釈できる箇所があることとアイヌ語地名が東北北部に数多く分布する事実を示して「7世紀以降の東北北部の蝦夷たちは、（中略）言語や社会構造、そしておそらく信仰など、より本質的な基層文化の分野で倭人とは異なる独自性を長期にわたって保持し続けたことも十分に認識しなければならない」（熊谷 2015）と記しています。

　人間は言葉を話す動物です。以上の2説を言葉の観点から見るならば、古代の東北地方のエミシはアイヌ語を話していた、つまりアイヌ民族の祖先にあたるけれども、奈良時代の「エミシ征討」の後、しだいに日本語を話すようになり、鎌倉時代には東北北部域ですら日本語が話される地域となったと理解できます。「日本民族の一員となる」とは、こういうことのはずなのです。では、本当にそんなことがあったのでしょうか。なぜ人々は言葉を変える必要があったのでしょう？

　結論から申しますと、このような考えは古代日本国が創作した歴史を信じ、その物語に沿って考古学資料を当てはめてきたことによって生まれたのです。実際には、7世紀以降の東北地方にアイヌ語を話すようなエミシはいませんでした。当時そこに住んでいたの

は日本語を話す人々であり、アイヌ語を話す人々は、北海道に住む
アイヌ民族の祖先でした。古代の東北地方にエミシがいて日本国に
抵抗し続けたというのは、古代日本国による創作です。ただし5世
紀以前には、東北地方にも北海道の住民と同様の言葉を話す人々が
いて、その古い名前がアイヌ語地名として残ったのです。本書では
これらのことを考古学的手法を用いて説明します。

　さて、本書でのエミシの書き表し方（以下では表記と記します）
について述べておきます。エミシはやまと言葉（日本語古語）の呼
び名ですから、もとは文字による表現はなく、漢字（中国語）によ
る表記もありませんでした。文字で表されるようになってからは、
毛人➡蝦夷、その読み方はエミシ➡エビス➡エゾへと、時とともに
変化しました。また、その対象さえ定まっていませんでした。しか
し、漢字表記の毛人、蝦夷等がエミシ、エビス、エゾのうち、なん
と読まれたか、あるいはエミシやエビスという音をどの漢字で表し
たかは、当時の社会的文脈を読み取るための非常に重要な情報にな
ります。ただ、それをそのつど書き換えているととても煩雑になり
ますから、本書ではどの時代、どの地域の場合でも音だけを示すエ
ミシと表記することを基本とし、説明の都合に合わせて別の漢字表
記である蝦夷、ひらがな表記の「えみし」等も使うことにします。

　やまと言葉であるエミシ・エビスと漢字（中国語）表記である毛
人・蝦夷は、ひらがなと漢字、音読みと訓読み、本音と建前など、
表と裏的な二重構造の思考形態のなかにあり、非常に「日本的」で
す。また、実態と公的記録が違うというのも、日本国の政府にはよ
くあることのようですが、古代日本国が残した記録上のエミシは、
まさにこの構図のなかにあるのです。

# 目　次

つくられたエミシ

# 第1章　東北地方にエミシがいたと 言い出したのは誰か

## 第1節　エミシが主人公の伝説がないのはなぜか

### （1）ねぶた祭とエミシ

　青森といえば今は縄文時代の三内丸山遺跡も知られていますが、1990年代前半までは、夏のねぶた祭が一番有名でした。1980年代の終わり、青森でこんな話を聞きました。ねぶたは坂上田村麻呂によるエミシ退治話が基礎になっているのだと。それを聞いて私は、田村麻呂は青森までは来ていない、また何よりも、青森の人々は退治されたエミシの末裔にあたるはずなのに、どうして田村麻呂側に立って、エミシ退治などと喜んで話すのかとても気になりました。

　そのころ私は、縄文時代まではほぼ同じ文化を持っていたと考えられる北海道と東北北部の人々が、いつから別れてしまうのかを考えるために、青森県弘前市の砂沢遺跡や、津軽半島最北端の三厩村（現外ヶ浜町）宇鉄2遺跡の発掘調査に参加していました。当時の私は、古代の青森県あたりにはエミシが住んでおり、エミシはほぼアイヌ民族といってよい、そんな一般的な考えを信じていました。

　そして青森の人々がエミシについてどう考えてきたのかがとても気になったので、私はその後少しずつ青森県の民話や昔話を調べ始めました。しかし1981年以前の出版物には、エミシを主人公とした話はまったくありませんでした。例えば、『全国昔話資料集成7

津軽昔話集』がまとめた「編集ノート」に、エミシのことを気にか
けて津軽地方で50年間民話を集めたものの、それに関する話は一
つもなかったと書かれています（斉藤編 1974）。

　ただ、1982年刊行の『青森県の民話』のなかに、「ねぶた祭のお
こり」という話があります（日本児童文学者協会編 1982）。奈良時
代の征夷大将軍坂上田村麻呂が八甲田山のあたりでエミシと戦い、
大燈籠に火を灯し、祭のように賑やかにしておびき寄せる戦法で勝
利したという内容で、青森市の伝説とされています。しかしさきに
も書いたように、1981年以前には存在しなかった話です。「伝説」
なのに、それより古い刊行物に載っていないのは不思議です。おそ
らくこの「伝説」は現代の創作話です。次に、そう考えられる理由
を述べます。


（2）学校が教えたエミシ

　東北地方にはエミシについての民話も伝説も伝承もありません。
民俗資料を探しても、エミシ由来とされるものは何一つないので
す。ですから、現代の人々は東北地方にエミシがいたということな
ど、『続日本紀』でも読まない限り、誰も知ることはありません。
それなのに、現在の多くの人々が東北にエミシがいたと思っている
のはなぜでしょう。

　その発端になったことは二つあります。一つは、明治時代になっ
てから人類学や歴史研究者たちがそういうことを語り始めたこと、
そしてもう一つは、同じころ、学校教育でエミシの歴史が教えられ
るようになったことです。多くの方々にとっては、学校で教えられ
たことがエミシについて知るきっかけになりました。

　学校教育が始まったのは明治5年（1872）です。表1として明治

**表1　明治〜昭和初期の尋常小学校教科書とエミシ関連記事**

| 記事内容／発行年 | 景行天皇紀 | 斉明天皇紀 | 桓武天皇紀 | 征伐関連用語 | 東北地名 | 東北地図 | 編者 |
|---|---|---|---|---|---|---|---|
| 明6（1873） | 東夷 ○ | ○ | ○ | 平ぐ、討つ | 信濃新潟他 ○ | × | 陸軍文庫 |
| 明8（1875） | 東夷 △ | ○ | ○ | 討つ | × | × | 師範学校 |
| 明14（1881） | ○ | ○ | 多賀城 | 討つ | 多賀城 △ | × | 笠間益三 |
| 明25（1892） | ○ | △ | ○ | 征伐 | ○ | 本州全図 △ | 山縣悌三郎 |
| 明36（1903） | 東の国 ○ | ○ | ○ | 蝦夷征伐 | ○ | × | 文部省 |
| 明42（1909） | 東の国 ○ | 北海道 ○ | 奥羽 ○ | 蝦夷征伐 | 奥羽 △ | × | 文部省 |
| 大9（1920） | 東の国 ○ | ○ | 東北 ○ | 蝦夷御征伐 | ○ | ○ | 文部省 |
| 昭2（1927） | 東の国 ○ | ○ | 東北 ○ | 蝦夷御征伐 | ○ | ○ | 文部省 |

※「景行天皇紀〜桓武天皇紀」の記載として蝦夷（エミシ）がある場合を○、蝦夷はないがそれに少しでも関連する記載がある場合を△とし、東夷がある場合はそれを書き加えた。またエミシのいる土地や城柵名が記される場合、その地名を加えた。

※「東北地名」の記載として東北がある場合を○、それに類する地名がある場合を△とし、その地名を加え、東北以外でもエミシの居住域とされた地名はすべて書き加えた。

※「東北地図」欄では、それがある場合を○、類する地図がある場合を△とし、どこの地図であるかを書き加えた。

6年（1873）から昭和2年（1927）までの小学校の歴史教科書8冊に記されたエミシ関連記事の内容や編者の一覧を示しました。明治6年（1873）〜明治25年（1892）の教科書は、国定でもなく内容がばらついています。明治6年（1873）の陸軍文庫のものには、蝦夷（エゾ）がいたところが信濃・新潟・および東北・北海道などと詳しく書かれていますが、明治8年（1875）の師範学校（後の筑波

大学）編集のものには、蝦夷（エゾ）の居住域すら書かれていません。そのころの歴史教科書の古代部分は、『日本書紀』や『続日本紀』をもとにしていました。これら古代の文書にはもともとは地図などありません。当時の人々の頭には、今私たちが知っている日本地図は入っていませんでした。

　しかし国定教科書となった明治36年（1903）以降、「蝦夷征伐」という用語が加わり、居住域は「東北」だとはっきり書かれるようになりました。これは「エゾセイバツ」と読まれました。この時期「蝦夷」の読みは「エゾ」でした。大正9年（1920）以降は、東北地方の地図も載りました（後掲：図1）。東北地方の蝦夷（エゾ）を征伐して国土を拡大したという「国の歴史」を語るようになるのです。1895年に日清戦争で勝利し、その後日露戦争へと突き進む過程で、侵略して国土を広げる姿を「国の歴史」として子どもたちに教えるようになりました。東北地方での「蝦夷（エゾ）征伐」については、この時期まで東北地方の人々も知らなかったのですが、国家によって急に語られるようになったのでした。


### （3）「エゾ征伐」を流布させた国家と歴史学者

#### a．エミシに注目していなかった中世〜近世

　古代以来、エミシについて書かれたものを概観しておきます。表2・3に第二次世界大戦終戦の1945年以前をまとめました。

　古代日本国がエミシについて一方的に語った8〜9世紀初頭を最後に、しばらく「蝦夷」という名前は文書に記されなくなりました。その文字が復活するのは、それから800年ほど経った18世紀前葉、享保5年（1720）です。新井白石が『蝦夷（エゾ）志』を著したのです。主に北海道の蝦夷（エゾ＝アイヌ民族）のことを書い

表2　蝦夷論の変遷と学説の背景（1945年以前）その1

| 年・呼び名 | 蝦夷についての記載・蝦夷論 | 人類学・考古学・歴史学学説 |
|---|---|---|
| 5世紀後葉 | 倭王武「東は毛人を征すること55国」『宋書』倭国伝 | |
| 8〜9世紀 | 720年：「蝦夷」（えみし）初出 『日本書紀』 | |
| | 古代日本国の正史に蝦夷記載あり　国家に反抗する存在 | |
| | 762年：多賀城碑「蝦夷国」（えみし） | |
| | 811年：蝦夷征討終了宣言 | |
| 10世紀 | 「蝦夷」（えみし）表記を使わなくなる | |
| 12世紀 | 和歌に千島の「えぞ」が詠まれる | この時期はまだ言及するべき内容なし |
| | 8世紀の蝦夷（えみし）：馬の民を強調 | |
| | 12世紀のえぞ：馬に関する記載なし | |
| | 蝦夷＝アイヌ民族、現在の北海道（えぞ） | |
| 1720 | 新井白石『蝦夷志』（えぞし）北海道の蝦夷（えぞ）と古代東北の蝦夷 | |
| | 東北・北陸地方 | |
| | 「蝦夷塚」（えぞ）「蝦夷穴」（えぞ）「蝦夷屋敷」（えぞ） | |
| | と呼ばれる遺跡、地名あり | |
| | （宮城県『安永風土記』に記録あり）1772〜1781年ころ | |
| | 東北地方に蝦夷伝承なし（えみし） | |

たのですが、東北地方の「蝦夷」（エゾ）についても触れました（表2）。それは古代の蝦夷（エミシ）のことでしたが、『日本書紀』と17世紀に発見された多賀城碑の内容が中心で、『続日本紀』に記された8世紀の「蝦夷征討」についてはほとんど書かれていません（原田校注 2015）。『蝦夷志』の主題は18世紀当時の蝦夷島などに住む蝦夷（エゾ）すなわちアイヌ民族で、北海道、サハリン、千島列島等の簡単な地理的情報、集落のある土地の名、民俗、生業、自然などが述べられたのでした。

　18世紀の末葉、天明8年（1788）〜寛政4年（1792）に菅江真澄は北海道南部を歩き、そこに住んでいた蝦夷（エゾ）について書いています（内田・宮本編訳 1966）。また、菅江は北海道に渡る

表3　蝦夷論の変遷と学説の背景（1945年以前）その2

| 年・呼び名 | 蝦夷についての記載・蝦夷論 | 人類学・考古学・歴史学学説 |
|---|---|---|
| 1877<br>1880<br><br>え<br><br>ぞ<br><br>1890<br><br>1900<br><br>1910<br><br>1920<br><br>1930<br><br>1940 | 1873年の小学教科書『日本略史』以降、「蝦夷」の記載あり。★<br>奈良時代の「蝦夷征討」の文言無し<br><br>92年：『帝国小史』小学教科書★<br>奈良時代の「蝦夷征討」の文言無し<br>　94-95年：日清戦争<br><br>03年：『小学日本歴史』小学教科書★<br>奈良時代「東北」の蝦夷を討つ<br>　04-05年：日露戦争<br>　10年：日韓併合<br>10年：『遠野物語』蝦夷屋敷あり<br>　窪地＝縄文時代の住居跡など<br>17年：柳田国男　蝦夷先住民説★<br>18年：『国史美談』「蝦夷征討」★<br>20年：国定教科書『尋常小学国史』★<br>「蝦夷征伐」奈良時代東北の開拓と移民<br>　27年：山東出兵<br><br>30年：喜田貞吉 蝦夷石器時代平安説★<br>蝦夷＝アイヌ<br>　32年：満州国建国と日本からの移民 | 77年：モース 大森貝塚発掘調査<br>79年：モース 石器時代プレアイヌ説★<br>86年：石器時代人論争の開始<br>札幌近郊の窪地＝コロボックルの住居か？<br>87年：吉見百穴（横穴）土蜘蛛住居説★<br><br>コロボックル説vsアイヌ説★<br><br>10年：柳田国男『遠野物語』<br>山人先住民説<br><br>18年：鳥居龍蔵の先住民説★<br>蝦夷アイヌ説<br><br>25年：柳田『山の人生』山人非実在<br>山人の民俗資料みつからず<br><br>35年：浜田耕作 石器時代古代説★<br>36年：ミネルヴァ論争<br>常識考古学vs科学的考古学<br>39年：山内清男 続縄文文化<br>後にアイヌ文化へ |

註★：古代日本国の正史などの歴史書にもとづく"蝦夷実在説"を基礎とする

前、そして寛政4年（1792）～享和元年（1801）に下北半島や津軽地方の自然地理的情報や民俗、伝承などを書き残しました。坂上田村麻呂に関連する神社や祠などの記載もあります。ただ、『続日本紀』中の田村麻呂はそれらの地域に到達してはいませんし、現在に伝わる民俗にもエミシに連なるものは皆無です。青森県内の田村麻呂に関連する神社等は、8世紀当時からの伝承ではなく、後に入植した日本人たちが持ち込んだのです。しかも人々の関心は田村麻呂にあり、エミシについてではありません。

　ｂ．近代国家の膨張主義と「蝦夷（エゾ）征伐」

　東北北部で古代のエミシが語られるようになるのは、さきに述べ

表4　蝦夷論の変遷と学説の背景（1945年以降）

| 年・呼び名 | 蝦夷論 | 人類学・考古学・歴史学学説 |
|---|---|---|
| 1950 | 註★：古代日本国の正史などの歴史書にもとづく"蝦夷実在説"を基礎とする | 47年：徳丹城跡発掘調査開始 |
| | | 50年：鈴木尚 藤原四代遺体調査★ |
| | 52年：清水潤三 蝦夷石器時代奈良説★　蝦夷＝アイヌ | 50年：伊東信雄 東北に弥生文化あり |
| | | 54年：胆沢城跡発掘調査開始 |
| | 56年：清水潤三 蝦夷石器時代奈良説★ | |
| | 56年：古代史談話会『蝦夷』★ | 58年：秋田城跡発掘調査開始 |
| 1960 | 63年：高橋富雄『蝦夷』概念説　ただし蝦夷実在説★ | 63年：多賀城跡発掘調査開始 |
| 1970 | 71年：伊東信雄 蝦夷アイヌ語説★ | 69年：山内清男 続縄文文化はアイヌ文化 |
| | 79年：大林太良編『蝦夷』★ | 76年：志波城跡発掘調査開始　東北各地で発掘調査が増加 |
| 1980 | 84年：蝦夷アイヌ語説 シンポジウム★ | 84年：垂柳遺跡 弥生中期水田 |
| | 86年：高橋崇『蝦夷』アイヌ語説★ | 87年：砂沢遺跡 弥生前期水田 |
| 1990 | | 91年：埴原和郎 日本人二重構造論 |
| | | 93年：埴原和郎 蝦夷問題説★ |
| | 94年：工藤雅樹 蝦夷中間説★ | 94年：工藤雅樹 蝦夷中間説★ |
| | 98年：工藤雅樹『蝦夷と東北古代史』★ | 97年：日本考古学協会 蝦夷・国家 |
| 2000 | 98年：工藤雅樹『古代蝦夷の考古学』★ | 98年：東日本埋文研 律令国家と蝦夷★ |
| | 04年：蝦夷研究会編 蝦夷と律令国家 | 01年：『青森県史』古代史資料編★ |
| | 05年：『青森県史』古代考古資料編★ | 07年：天野他『古代蝦夷からアイヌへ』★ |
| | 06年：松本建速 東北蝦夷非実在論 | 08年：榎森他『エミシ・エゾ・アイヌ』★ |
| 2010 | 10年：八木光則 古代蝦夷社会成立★ | |
| | 12年：『青森市史』蝦夷実在論★ | |

（第2列の縦書き見出し：えぞ・えみし（えびす・えぞ））

たように、明治5年（1872）に学制が公布され学校教育で「日本の歴史」が教えられるようになり、さらに数十年が経ってからでした（表3）。景行天皇の時代に東国の、そして奈良時代に東北地方の蝦夷（エゾ）を征伐して国の領域を拡大したという物語が語られるようになったのは、教科書が国定となった明治36年（1903）の『小学日本歴史』以降です。大正9年（1920）には、書名が『尋常小学日本歴史』から『尋常小学国史』に変わり、「日本の歴史」が「国の歴史」であることが強調されました。総ページ数も約2倍になり、蝦夷（エゾ）征伐についても、日本武尊の場合には中部～東国

8

の、田村麻呂段階には東北地方の地図が載せられ、日本国の支配域が広がる様子を明確に伝える工夫がなされました。

　『日本書紀』等の古代の文献に地図はありませんし、東北地方にエミシについての伝承地もありません。先生方は教科書の地図を用いてどのような解説をしたのでしょう。当時、教員の参考書でもあったという（松島 1963）、大正 7 年（1918）刊『国史美談』（北垣 1918）を使って、東北が舞台となる坂上田村麻呂に関する内容を検討してみます。

　田村麻呂が蝦夷（エゾ）を征伐し、「尚後の用心の為に、今の陸中国に胆沢城（胆沢郡宇佐村〔現岩手県奥州市〕）、志波城（紫波郡古館村〔現岩手県盛岡市〕）を造って、流石の蝦夷（エゾ）も手の出しやうのないやうにした」と書かれています。一方、大正 9 年（1920）刊『尋常小学国史』の地図にはそれらの城柵の位置は示されていますが（図 1）、本文には「陸中に進みて賊を平げしかば、これより東北の地方始めてしづまれり」とあるだけです。それでも参考書で学んだ教員なら、地図を示しながら、まず蝦夷（エゾ）征伐がおこなわれ、その後岩手県南部の城柵が次々と建てられ

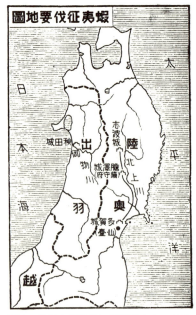

図 1　近代の教科書に掲載されたエミシ関連地図（大正 9 年（1920）国定教科書『尋常小学国史』上巻）

たと伝えたでしょう。一方日本国の外である東北北部の地図は教科書・参考書とも空白で、地名もありません。大正9年（1920）段階では、その地域を語る史料がなかったのです。

　東北地方での「蝦夷（エゾ）征伐」を広く国民に知らせようとしたのは、日清戦争後の日本国政府でした。古代日本国は国の体裁を整えるために、ときには国への反抗集団、ときには国に貢ぐ異民族としてエミシの存在を強調しました。近代の大日本帝国は富国強兵政策をとり、国土を拡大する膨張主義的思想を持ち、明治27年（1894）日清戦争、明治37年（1904）日露戦争、明治43年（1910）日韓併合等を経る過程で、教育の場でも蝦夷（エゾ）征伐と国土の拡大を、明治36年（1903）や大正9年（1920）に（表3）、徐々に具体的なイメージを添えて教えるようになりました。そして昭和7年（1932）、満州国への移民政策が始まりました。

### c．蝦夷（エゾ）を語る歴史学者

　大正〜昭和の初期、1920年代〜1930年代には、東北帝国大学講師の歴史学者喜田貞吉氏が、文献上の存在である蝦夷（エゾ）と考古学資料とを結びつけた論をいくつも発表しました。喜田氏は専門家向けだけでなく児童向けの本や地理学分野の一般向け書籍などにも積極的に書きました。昭和3年（1928）『日本歴史物語上』日本児童文庫1（アルス）、昭和4年（1929）『日本地理風俗大系』（新光社）、昭和5年（1930）『日本地理大系』（改造社）などがあります。喜田氏は縄文土器や石器のなかには平安時代に使われたものもあると推定し、蝦夷（エゾ）は石器時代人の末裔であり、先住民（日本人より前から日本列島に住んで人々）だと考えていました。坂上田村麻呂らによる征伐のことも、岩手県平泉の奥州藤原氏が蝦夷（エゾ）の末裔だということも述べています。

　そして昭和 11 年（1936）、喜田氏は日本考古学史上とても有名な論争を新進気鋭の若手考古学者山内清男氏との間で繰り広げます。『ミネルヴァ』という雑誌上のことでしたので、"ミネルヴァ論争"と呼ばれています（表 3）。喜田氏は、東北地方や中部地方のいくつかの遺跡から縄文土器とともに宋銭が出土していること、そして『日本書紀』『古事記』等に記された蝦夷（エゾ）の記事、『吾妻鏡』で語られた歴史にもとづいて、東北地方の蝦夷（エゾ）は鎌倉時代に至るまで縄文土器を使用し続けたと主張しました。喜田氏は山内氏に対して自説は"常識"にもとづいていると何度も述べます。一方山内氏は、仲間とともに独自に作成した最新の土器編年表にもとづいて、縄文土器は九州地方でも東北地方でも、それほど時間差を持たずに終末期を迎えたと主張しました。なお、鎌倉時代というのは最も新しい段階の宋銭の鋳造年代であり、平泉の奥州藤原氏が源頼朝に滅ぼされた時期にあたります。

　この論争は喜田氏と山内氏の 2 人によるものでしたが、喜田説は当時の多くの考古学者が考える常識的な説でもありました。雑誌『ミネルヴァ』の創刊号（1936 年）で、東京国立博物館の後藤守一氏や若手考古学者の江上波夫氏が、東北地方では鎌倉時代まで縄文文化が続いたという考えを支持しています。また、昭和 10 年（1935）、当時の日本考古学最高峰の一人京都帝国大学教授浜田耕作氏が、国史研究会編日本歴史シリーズの『日本原始文化』（岩波書店刊）を著し（表 3）、青森県八戸市是川遺跡を、鎌倉時代になっても縄文文化が続いていた例だと述べています。これらの説は、喜田氏と同様、『日本書紀』『続日本紀』など、古代日本国の正史にもとづく"常識"を基本としていました。そして文献史学、考古学の研究者が古代日本国が述べる歴史にもとづいて蝦夷（エゾ）を考え

る傾向は、昭和20年（1945）以降も受け継がれます（表4）。表3および表4では、この、古代日本国が述べる歴史にもとづく蝦夷実在説を基礎とする論に★印を付けました。

　古代の東北地方に先住民である蝦夷（エゾ）が住んでいたけれども、古代日本国の強い武将に征伐されたという物語は、明治以降の学校教育と歴史研究とが語ったものでした。その情報の大本は、古代国家が残した『日本書紀』や『続日本紀』でした。古代の東北地方での「蝦夷（エゾ）征伐」を人々に語り流布させたのは、最初は古代日本国、そして800年以上の空白を置いて次に近代日本国、その後は歴史研究者だったのです。

　なお表2・3に示したように、9世紀まで「蝦夷」の読みはエミシ・エビスでしたが、11世紀以降にはエゾと読まれ、近代もずっとそうでした。「蝦夷」の読みは時代によって違うのです。そして、第2章で述べますが、それをエゾと読むようになってからは、そう呼ばれたのは北海道のアイヌ民族の祖先であり、古代の東北地方に住んでいたことになっているエミシ・エビスではありません。「蝦夷」をエゾと読む人々は、古代以来、その土地で脈々と伝えられてきたエミシやエビスについての情報を持っていたわけではなく、近代になって突然語りだしたのです。

## 第2節　エミシを示す民俗資料や地名

### （1）柳田国男の山人論の及ぼした影響

　エミシを縄文時代から東北北部に住んでいた人々の末裔だと考えている人は多いでしょう。東北地方についての多くの著作を持つ民俗学者赤坂憲雄氏もそう述べています（赤坂 2000・2009 など）。

　日本考古学や人類学の研究の歴史を見れば、近代には石器時代人（現在でいうところの縄文人）が日本民族よりもさきに日本列島上にいた先住民だと理解されていたことがわかります。そのうえに立って展開されたのが柳田国男の「山人」論でした。柳田は日本列島の奥地に先住民の末裔、すなわち「山人」が潜んでいると期待しました。しかし大正15年（1926）の『山の人生』に、大正6年（1917）におこなった講演を「山人考」として掲載したのを最後に、柳田はその人々を主題とした論は述べませんでした。

　柳田国男は、岩手県遠野市で語られていた伝承を記した『遠野物語』の著者、日本民俗学の祖として有名です。『遠野物語』は明治43年（1910）の刊行です。この頃は柳田が東京人類学会の会員として研究している時期でしたから、柳田は当時の学界で巻き起こっていた石器時代（おおよそ縄文時代）の人々が誰であったのかという論争、いわゆるコロボックル論争をよく知っていました。

　そんな時期に東北の山深い遠野の伝承を聞いた柳田は、話に登場する山人を日本人が住み着く前の先住民の末裔であり、『日本書紀』や『風土記』に記された「国津神」「東夷」「国栖」「土蜘蛛」等だと理解し、日本中の伝承や各種民俗資料を集めれば、その人々の痕跡を見いだせるに違いないと考えました。しかし、菌類を探し山中を歩いていた博物学者南方熊楠から、明治44年（1911）〜大正5年（1916）に手紙をもらい、そういった人々など山中にはいないという指摘を受けました（岩本 1983）。

　そして柳田は大正6年（1917）に日本歴史地理学会平泉大会で講演し、先住民である「山人」はすでに絶滅してしまったけれども「我々の血の中に、若干の荒い山人の血を混じているかも知れぬということは、我々にとってはじつに無限の興味であります」と話し

ます（前掲『山の人生』所収）。この講演がさきに記した「山人考」ですが、この後柳田は「山人」研究を続けませんでした。

　しかし 20 世紀の終わり、赤坂憲雄氏は「山人史」を構想し（赤坂 1994）、古代東北の蝦夷＝アイヌ説を唱えました（赤坂 1996）。「山人」を先住民＝エミシと読み替え、古代エミシは縄文人の後裔であり、縄文と現代とをつなぐ失われた環だと述べ、さらにエミシについての考古学研究の進展に期待しました（赤坂 2000）。東北地方にアイヌ語地名が見られる点やマタギ言葉にアイヌ語が散見される点が根拠です。しかし、どちらも古代の東北地方にエミシ＝アイヌ民族がいたことを示す事柄ではありません（本書第 5 章）。

　次に、東北地方に多い「蝦夷（エゾ）」が付く地名について考えてみます。

## （2）東北地方にある「蝦夷」や「夷」の付く地名

　東北地方には、「蝦夷〜」と書く地名がところどころにありますが、これもエミシがいたことと関係があるのではないかと思っている方がいるかもしれません。それが古墳のような遺跡である場合には、古い時代からの名前だと感じている方もいるかもしれません。ただしそれは「エミシ〜」ではなく、「エゾ〜」と読みます。古代以来語りつがれてきた名前ではないことを示しています。

　表 5 に、平凡社の各地の『日本歴史地名大系』をもとに、北海道以外の地域にある「蝦夷」や「夷」の付く地名を載せました。それらは山形県以外の東北地方に多く見られ、北陸地方にもわずかにあります。石川県の須曽蝦夷穴古墳と呼ばれる 6 世紀の古墳が最南端です。

　表 5 に集めた名称には地域ごとの特徴が読み取れます。例えば、

表5　各地の蝦夷地名

| 所在地 | 遺跡名 | 地名 | 遺構など | 時期 | 備考 |
|---|---|---|---|---|---|
| 青森県つがる市 | 蝦夷館（えぞだて）跡 | 狄ヶ館（えぞだて）溜池 | 備考参照 | 特になし | 石神遺跡（縄文前期）あり |
| 青森県つがる市 | 蝦夷館（えぞだて）・高田館跡 | | 濠で囲む集落 | 平安 | |
| 青森県青森市 | 蝦夷館（えぞだて）跡 | | 不明 | 不明 | |
| 青森県新郷村 | 蝦夷森館（えぞもりたて）跡 | | 空堀あり | 不明 | 居館跡 |
| 岩手県洋野町 | 蝦夷館（えぞもりたて）跡（沢山館跡） | | 空堀あり | 不明 | 居館跡 |
| 岩手県二戸市 | 蝦夷館（えぞもりたて）跡 | | 不明 | 不明 | |
| 岩手県盛岡市 | 上田蝦夷森（うえだえぞもり）古墳 | | 円墳 | 7〜8世紀 | 未期古墳 |
| 岩手県盛岡市 | 太田蝦夷森（おおたえぞもり）古墳 | | 円墳 | 7〜8世紀 | 未期古墳 |
| 岩手県矢巾町 | 狄森（えぞもり）古墳群 | | 円墳 | 7〜8世紀 | 未期古墳 |
| 岩手県遠野市 | エゾ塚（高瀬I遺跡） | | 円墳 | 8世紀 | 未期古墳 |
| 岩手県北上市 | 蝦夷（えぞ）塚（江釣子古墳群） | 夷（えぞ）塚 | 円墳 | 7〜8世紀 | 未期古墳 |
| 宮城県栗原市 | 夷（えぞ）塚 | | 備考参照 | 特になし | 付近に横穴墓群あり |
| 宮城県色麻町 | 蝦夷（えぞ）塚 | | 円墳 | 不明 | 消滅 |
| 宮城県気仙沼市 | 蝦夷（えぞ）塚古墳（大谷古墳群） | 蝦夷（えぞ）穴 | 備考参照 | 7世紀ころ | 未期古墳 |
| 宮城県松島町 | 蝦夷（えぞ）穴 | | 備考参照 | 特になし | 付近に横穴墓群あり |
| 宮城県大崎市 | 蝦夷（えみし）塚塚遺跡 | | 横穴墓 | 縄文時代 | 縄文時代の遺跡 |
| 宮城県白石市 | 蝦夷（えぞ）穴（郡山横穴古墳群） | | 横穴墓 | 古代〜中世 | 未期古墳 |
| 秋田県八峰町 | 蝦夷館（えぞだて）跡 | | 不明 | 古代〜中世 | 山間地の館跡 |
| 秋田県横手市 | 蝦夷（えぞ）塚古墳群 | | 円墳 | 8世紀中葉 | 未期古墳 |
| 福島県楢葉町 | えぞ穴（百穴） | | 横穴墓 | 6世紀末〜7世紀 | |
| 福島県須賀川市 | 蝦夷（えぞ）穴古墳 | | 円墳 | 6世紀 | 古墳 |
| 福島県泉崎村 | 蝦夷（えぞ）塚古墳群（原山古墳群） | | 円墳 | 5世紀末〜6世紀 | 前方後円墳 |
| 福島県会津若松市 | 蝦夷（えぞ）塚古墳群（大塚山古墳群） | | 横穴墓 | 4〜8世紀 | 前方後円墳もあり |
| 福島県中島村 | 蝦夷（エゾ）塚六横穴墓 | | 横穴墓 | 7〜8世紀 | |
| 新潟県弥彦村 | 夷（えぞ）塚 | | 不明 | 不明 | 削られて消滅した古墳 |
| 新潟県柏崎市 | 蝦夷（エゾ）塚 | | 不明 | 不明 | |
| 新潟県佐渡市 | エゾ塚 | エゾづか | 円墳 | 6世紀末〜7世紀 | 真野古墳群　終末期古墳 |
| 新潟県佐渡市 | 蝦夷（えぞ）塚 | | 備考参照 | 特になし | 付近に安養寺古墳あり |
| 新潟県佐渡市 | 蝦夷（エゾ）塚（橘古墳） | | 円墳 | 7世紀初頭 | 数個の石が組まれる |
| 石川県七尾市 | 須曽蝦夷（すそえぞ）穴古墳 | | 方墳 | 7世紀 | 終末期古墳 |

青森県・岩手県北部には「蝦夷館」と書きエゾダテと読むものが多いのですが、現在の知見では、それらは10世紀後半から11世紀の遺跡です。集落の周囲に溝や堀がめぐり、考古学では「防御性集落」とも呼ばれます。岩手県中部・秋田県中部以南には「蝦夷森古墳」「夷森古墳」と書き、エゾモリコフンと読むものが複数あります。それらは7～8世紀のものですが、考古学では「末期古墳」と呼ばれています。さらに南に目をやると宮城県以南に、「蝦夷穴」「夷穴」と書いてエゾアナと読む名が増えます。これも7～8世紀の墓で、考古学では「横穴墓」と呼びます。

　他に、柳田国男が明治43年（1910）に書いた『遠野物語』には「蝦夷屋敷」エゾヤシキとあります。岩手県遠野市にあるのですが、四角い窪地から石器や土器が拾えます。四角形の床面は古代の住居跡の特徴ですが、石器があるので縄文時代の情報と混ざったのかもしれません。

　東北地方にある「蝦夷」や「夷」が付くエゾ地名は、18世紀後葉に編纂された仙台藩の『安永風土記』に見えるのが最古の記載です。それらの地名が記録された時期に、性格が不明な横穴（実態は古代の横穴墓）や墓と思われるものの時期が不明な塚（実態は終末期古墳や末期古墳）、そして集落跡と思われる窪地や土器片などを伴う土地を、「蝦夷」（18世紀当時はエゾと読まれた）が残したものだと理解して名付けたのでしょう。当時、それらの地域にはアイヌ民族も、蝦夷（エゾ）と呼ばれている人もいませんでした。そこに住んだ、18世紀当時の日本人たちが、誰が残したのか不明なものをそう呼ぶことにしたのです。

　現存する「蝦夷」（エゾ）が付く地名はどれも、古代にエミシがそこにいたことを示すものではありません。18世紀前葉に新井白

石が著した著書『蝦夷志』（エゾシ）の記述でわかるように、当時、「蝦夷」の文字はエゾと読まれており、北海道島の名称でしたし、そこに住む異文化の人々、すなわちアイヌ民族のことを日本人が呼んだ名前でした。

## （3）エゾ穴とツチグモ：先史時代の竪穴住居跡との遭遇

　中世以降、北海道島も、そこに住んでいたアイヌ民族も日本人から「蝦夷」（エゾ）と呼ばれていました。しかし東北地方と違って北海道には、蝦夷館、蝦夷塚、蝦夷屋敷等と呼ばれる場所は一つもありません。古墳や横穴は北海道にはありませんが、東北で蝦夷屋敷と呼ばれた埋まりきらない住居跡はいくらでもあります。でもそれを、アイヌ民族は「エゾ」が残したものだと説明する必要はありませんし、北海道に住む当時の日本人たちも、エゾ＝アイヌが残したものでないことは知っていますから、蝦夷〜などという名前を付けることはありませんでした。

　奈良時代の『風土記』に記されたツチグモやクズ（国栖）などの物語の来歴も、近世の東北地方で「蝦夷〜」という地名が付けられたいきさつと似ていたのではないでしょうか。古墳時代、特に5世紀以降には日本列島各地で開拓がおこなわれました。そのとき人々は、見慣れない文様の付いた容器の破片（縄文土器など）を伴う埋まりきらない竪穴住居の窪地を見て、先住民に関わる物語を創作したのではないでしょうか。

　表6として『風土記』『日本書紀』に見られるツチグモ（土蜘蛛）に関する記載をまとめました。常陸国（現在の茨城県域）、豊後国（現在の大分県域）、肥前国（現在の佐賀県域）といった、当時の政治的中心、畿内から遠く離れた地域にそれら先住民の征討話が多く

表6　『風土記』『日本書紀』に記された土蜘蛛の名称と話中の登場時期

| 文献名 | 地域名 | 天皇名称等 | みこと名称 | 土蜘蛛表記 | その他 |
|---|---|---|---|---|---|
| 古事記 | 忍坂大室 | 神武天皇 | | 土雲（具毛） | 土雲の名は八十建 |
| 常陸国風土記 | 茨城の郡 | | | 都知久母 | 山の佐伯、野の佐伯 |
| 常陸国風土記 | 薩都の里 | | 兎上命 | 土雲（国栖の個人名） | |
| 豊後国風土記 | 石井の郷 | むかし | | 土蜘蛛 | |
| 豊後国風土記 | 禰疑野 | 景行天皇 | | 土蜘蛛 | |
| 豊後国風土記 | くえ石野 | 景行天皇 | | 土蜘蛛 | |
| 豊後国風土記 | 宮處野 | 景行天皇 | | 土蜘蛛 | |
| 豊後国風土記 | 大野の郡 | 景行天皇 | | 土蜘蛛（2回登場） | |
| 豊後国風土記 | 網磯野 | 景行天皇 | | 土蜘蛛（2回登場） | |
| 豊後国風土記 | 速見の郡 | 景行天皇 | | 土蜘蛛 | |
| 豊後国風土記 | 禰疑野 | 景行天皇 | | 土蜘蛛 | 他にも禰疑野の話あり |
| 肥前国風土記 | 八代の郡 | 崇神天皇 | | 土蜘蛛 | |
| 肥前国風土記 | 佐嘉の郡 | | 日本武尊 | 土蜘蛛 | |
| 肥前国風土記 | 小城の郡 | | 日本武尊 | 土蜘蛛 | |
| 肥前国風土記 | 賀周の里 | 景行天皇 | | 土蜘蛛 | |
| 肥前国風土記 | 大家嶋 | 景行天皇 | | 土蜘蛛 | |
| 肥前国風土記 | 小近嶋 | 景行天皇 | | 土蜘蛛 | |
| 肥前国風土記 | | 景行天皇 | | 土蜘蛛 | |
| 肥前国風土記 | 能美の郷 | 景行天皇 | | 土蜘蛛 | |
| 肥前国風土記 | 彼杵郡 | 景行天皇 | | 土蜘蛛 | |
| 肥前国風土記 | 浮穴の郷 | 景行天皇 | | 土蜘蛛 | |
| 肥前国風土記 | 周賀の郷 | | | 土蜘蛛 | |
| 日本書紀 | 大和国 | 神武天皇 | | 土蜘蛛 | 三地域に住む土蜘蛛たち |
| 日本書紀 | 尾張国 | 神武天皇 | | 土蜘蛛 | 身丈が短く、手足が長い |
| 日本書紀 | 豊後国 | 景行天皇 | | 土蜘蛛（5箇所） | |

あります。みな地域の古老の話とされていますが、どれも『風土記』が編纂された8世紀前葉ごろではなく、初代神武天皇10代崇神天皇、12代景行天皇の時期が舞台です。『日本書紀』にもとづけば弥生時代までとなります。内容も地名の起源についての語呂合わせ的物語であり、その土地の歴史に忠実な伝承ではありません。そもそもその時期、天皇もいませんでした。

　おそらく、人々はその窪地に住む姿の見えない存在をツチグモと呼びました。縄文時代の竪穴住居跡には床面が赤く焼けた炉跡があり、様々な形をした土器、斧や鏃の形状をした石器が残され、人間が住んでいたようにも思えます。しかし、土器には見たこともない

文様や、機能的には不要な突起など過度な装飾が付き、利器は鉄製ではなく石製でした。同じ文化水準の人々の持ち物とは思えなかったのでしょう。しかも、土に埋まっており人の姿も見えません。人間は説明好きです。そんな窪地に遭遇した人々は、それをツチグモの住処と理解し、新たに入植した自分たちよりも前にすでにそこに住んでいた「先住民」、すなわち『日本書紀』中の記載によれば「国津神（土地の神）」と認識したのではないでしょうか。その説明の際に、地域によって様々な関係を創り出し、『風土記』『日本書紀』では中国語から拝借した東夷、西戎、日本独自の国栖、荒ぶる神、球磨曽於等と呼んだのです。しかし、どの地域の『風土記』も、「蝦夷」は使いませんでした。中国の正史を意識して編纂された『日本書紀』だけが、そう記したのです。

　そして人間は説明に空想を用いる場合があります。エミシやツチグモが登場する物語は、ある事実を空想を交えて説明した例ではないでしょうか。土器や石器が出土する埋まりきっていない過去の竪穴住居跡を、ツチグモの巣だという空想物語で説明したのです。

　蛇足ながら付け加えます。アイヌ民族によるコロボックル話も、ここで説明した「蝦夷屋敷」や「土蜘蛛」と同じ発想で誕生したのではないでしょうか。北海道に多くある埋まりきらない住居跡から見つかる土器や石器を説明するための物語だったのです。姿は見せませんが、小柄な異文化の民がそこに住んでいるというのです。コロボックルを実在の存在として、千島アイヌのことと考える説もあります（瀬川 2015）。しかし、アイヌも日本人も頭の構造は同じです。同じような現象に対して、似たような発想の物語が生まれた、そう思うのですが、いかがでしょうか。世界の昔話、神話に登場するエルフ、妖精、小人なども小さな存在です。比較してみるのも面

白いかもしれません。

## 第3節　なぜエミシを考えるのか

### （1）書かれた歴史は常に正しいか

　奈良時代や平安時代に、「蝦夷」と書いてエミシ、エビスあるいはエゾと読まれる人々が、今の東北地方以北に住んでいたということは、現在では中学や高校の歴史教科書にも載っていますから、常識の範囲かもしれません。またエゾは、中世以降最近まで北海道やサハリンに住むアイヌ民族のことであり、北海道島の呼称でもありました。ただし「蝦夷」という文字や「エゾ」という読み方は、呼ばれた人々が決めたものでも、古い呼び名のエミシやエビスから生まれたのでもありません。

　養老4年（720）に古代日本国が歴史書として書いた『日本書紀』には「蝦夷」が何度も登場します。それに続いて書かれた『続日本紀』にも、8世紀から9世紀初頭にかけて、現在の東北地方に住んでいたエミシを征討するという記事が数多くあります。古代の文献を用いた日本史研究にもエミシに関するものが数多くあり、その実在は疑いようのない事実だと考える人も多いでしょう。

　文字資料があれば、消えてしまった遠い昔の人々の言葉、思いや行為、場合によっては人々の名前もわかります。しかし歴史を描く史料として文献を用いるには、書かれた内容が事実か否か、また描こうとする文脈で用いるのが適切かなどを確かめる必要があります。これを「史料批判」といいます。文字資（史）料には創作が交じる場合がありますし、記録を残す者に都合のよいことだけを書く場合もあります。特に、記録を書く側と書かれる側とが敵対した文

脈上では、創作、捏造、無記録などが起こりやすいものです。近現代の戦争関連、政治関連の文書を見れば明らかです。古代の文献ではエミシは国の敵でした。エミシの反乱記事があったとしても、史料批判なしにそれを事実とすることはできません。

### （2）エミシの言葉

　21世紀に入るころまで、古代のエミシについての基本的な問いは「エミシはアイヌ人か日本人か」でした（工藤 2000）。ただし対象は、奈良時代から平安時代に東北地方に住んでいたというエミシであり、同じころ北海道に住んでいた人々ではありません。近世以降、そこにアイヌ民族の祖先が住んでいたことは、アイヌ語の存在、現代のアイヌ民族の人々に続く民俗資料、絵画資料、文献などがありますから疑いようがありません。そして文献によれば、古代のエミシは本州だけでなく北海道にも住んでいたことになります。

　したがって、古代の文献に「エミシはアイヌ語を話す」と書いてあるならばエミシはアイヌ民族の祖先と考えられ、最初にあげた問いは不要です。残念ながらはっきりそう書かれたところはありません。ただ、『続日本紀』にはエミシと話すのに通訳が必要だったと解釈できる箇所があり、また、東北地方にはアイヌ語で解釈できる地名も多いので、それを残したのがエミシであり人々の言葉はアイヌ語だったといわれてきました。

　それならば、「エミシはアイヌ人か日本人か」と問う必要はないはずです。しかし、なぜか長い間それが問題にされてきました。言葉についての情報はアイヌ的ですが、古代の文献に記された内容にも東北地方の考古学資料にも、「日本人」との共通点が多く見られるからです。考古学者の工藤雅樹氏は、アイヌ民族も日本民族も長

い歴史のなかで形成されてきたので、途中の形態であるエミシの特徴がアイヌ的あるいは日本的なのは当然で、どちらかにしようとする問いの構造に問題があると述べました（工藤 2000）。

　ただし、「言葉」の変化については適切には説明されませんでした。工藤氏はエミシはアイヌ語を話していたと考えていました。それならエミシはアイヌ民族と日本民族の「中間」ではなく、古代のその時点ではアイヌ民族の祖先になるのではないでしょうか。人間は言葉を話して社会を形成します。人間の多くが国家に属すようになった時代は別ですが、国家がなかった時期にはむしろ、人々の暮らす社会のまとまりは「同じ言葉」を話す者どうしでできていたのではないでしょうか。

　現在の東北地方にはアイヌ語系と日本語系の地名があります。前者の分布は東北北部に偏りますが、そのあたりでは古くは北海道の人々と共通の、ほぼアイヌ語といってよい言葉が話されていて、ある時期から日本語が話されるようになったのでしょう。そのような変化はいつ起こったのでしょう。


## （3）アイヌ語を話す人々はいつどこに住んでいたか

### a．4～19世紀中葉の日本列島上の人々の母語

　古代の文献によれば、エミシは日本文化とは異なる文化の人々であり、人々と話すには通訳が必要でした。そして東北地方に残された日本語系以外の地名からその言葉を考えるなら、人々はアイヌ語を話していました。したがって、問われなければならないのは、アイヌ語を話す人々はいつ・どこにいたか、なかでも、東北北部に住んでいたのはいつだったかということになります。そして、人々の言語が変化してしまった背景にどのような人間活動があったのかを

明らかにしなくてはなりません。

　図2は本書が考える4世紀から19世紀中葉の日本列島上の人々の母語の変化です。文字資料がない時代・地域の言葉については考古学資料と「人間＝言葉を話す者」をもとにして考えるしかありません。人間を考古学資料に読み替えるのです。人間についての次の3つの理論をもとに考えました。その概要を述べておきます。

　①言語圏＝婚姻圏：人間は誰もが言葉を話し、多くの場合、同じ言葉を話す人々どうしで結婚します。したがって、婚姻関係が結ばれた範囲は同一言語圏ということになり、また、集団が移住する場合も、言語が通じる範囲を移住先とするのが一般的となります。

　②言語圏＝婚姻圏＝煮沸用土器分布圏：この理論が通用するのは、先史時代でも、煮沸用土器をその使用者が製作していた時期に限られ、この点は大いに注意が必要です。土器の生産と分配とを政治が統制するようになった社会では、煮沸用土器の分布が示すのは婚姻関係でなく政治です。土器一般が、常に文化一般や人間そのものを示すわけではないことを忘れてはいけません。

　同一言語圏に共通する日常生活用具のなかには婚姻によって動いた個人、あるいは集団移住で動いた人々に伴った文化要素があります。一定の広い範囲に分布する生活用具の代表例が同一型式の煮沸用土器です。

　③地名・方言＝言葉の片鱗：そこで話された言葉を、地名、その地域の方言、すなわち古い言葉、そしてそれらが記録された文献から読み取ることができる場合があります。

　b．母語を考える3つの理論

　3つの理論についてもう少し説明を加えます。

　①言語圏＝婚姻圏：これは時代や地域を越えて人類全体に共通で

図2　本書で考える日本列島上の人々の母語の変遷

しょう。人間はどんな言語でも話せるようになるので、当然例外は
あります。遺跡のあり方や現在の文化のまとまり方からも、読み取
れます。なお、その範囲は変化します。

　②言語圏＝婚姻圏＝煮沸用土器分布圏：この理論で対象としてい
るのは先史時代、文字を持つ権力が誕生していない社会です。先史
時代の日本列島北部で一定範囲に広がる共通の生活用具は、東北北
部から北海道では煮沸用続縄文土器（後の擦文土器）、東北地方南
部以南では土師器の煮沸・調理用土器の甕と甑です。このように、
一時期にある煮沸用具としては続縄文土器（擦文土器）と土師器の
２種類なので、それぞれの土器を用いる人々の言語がありました。

　北海道東部の場合、女性が製作する道具は、続縄文土器（後の擦
文土器）とオホーツク土器の２種類であり、6〜8世紀に至るまで
両者に折衷的な土器はなく、まったく独立した型式です。前者がアイ
ヌ語古語話者の土器、後者がオホーツク文化語（ギリヤーク語ある
いはニブフ語）話者の土器でしょう（図 2-2・3）。ただししばら
く隣接した関係が継続した後、10世紀に入るとオホーツク土器と
擦文土器の要素が折衷したトビニタイ土器が生まれました（図
2-4）。器形は擦文土器に近く、粘土紐を貼り付ける文様要素がオ
ホーツク式です。住居の構造もオホーツク式よりも擦文文化的にな
りました。オホーツク文化の人々が擦文文化を受け入れたのだとい
いますが（大西 2007）、多くの文化要素に注目して遺跡のあり方を
考えると、少数のオホーツク文化人が住んでいた地域に多数の擦文
文化人が入り、その要素が増加し勝ったように見えます。そうした
場合、言語も多数者のものに置き換わるので、おそらく言葉も擦文
文化、すなわちアイヌ語となったのでしょう。

　③地名・方言＝言葉の片鱗：東北地方の地名には日本語とアイヌ

語由来があり、方言にも日本語のものとアイヌ語のものがあります
が、それ以外の言葉については片鱗もありません。東北地方の場
合、日本語かアイヌ語の2言語だけを考えればよいでしょう。

　言語の変化や置換は、移住と言語変化の理論を用いて類推できま
す。言語学者小野米一氏によれば、明治期以降の各地から北海道へ
の入植では、2世でそれぞれの方言を捨て、3世で北海道地域共通
語化、4世に至って全国共通語化へ進むとのことです。日本人のハ
ワイ移民の世代ごとの日本語の能力も同様で、3世までにほとんど
の人が日本語を話せなくなります（小野 2001）。また、別の言語を
話す地域に集団が移住した場合、移住者の人口が少ないときには移
住先の言語に同化し、移住者が圧倒的に多い場合、移住者の言語に
置き換わります（レンフルー 1993）。この場合にも、言語の置換は
3世代までにかなり進行し、4世代のうちにはほぼ完了します。

　もともと多くの人々が安定的に暮らしており、また侵略のための
戦闘行為もなかった場合、本来の言語から新来の言語に置き換わる
には、異なる言語を持つ移住者の人口が先住の居住者の人口を大き
く上回り続ける現象が必要です。アイヌ語が話されていた地域の言
語置換については次のように説明できます。

　4世紀、東北北部は北海道同様にアイヌ語圏でしたが（図 2-1）、
それが続いたのは5世紀前半までで、6世紀にはほぼ居住者がいな
くなっていました。その後7世紀に土師器を使う人々が突然住みだ
し、本州島域の文化圏となり、人々が婚姻を結ぶ相手は日本語話者
となりました（図 2-3）。アイヌ語を話す人がいなくなっていたと
ころに別の言語を話す人々が入った結果です（松本 2013）。

### （4）基本的な問い：古代の東北地方にエミシは実在したか

さきに述べたように、文献に記されたエミシはアイヌ語あるいはその古語を話す人々でした。ですからシンプルに考えればエミシはアイヌ民族あるいはその祖先ということになりますが、長い間「エミシはアイヌ人か日本人か」と問われてきました。集団が結びつく基本が言語である点に注目してこなかったのがその原因の一つでしょう。

しかしエミシが東北地方に住んでいたと述べるのは古代の文献だけです。よって最初に問うべきは「エミシはアイヌ人か日本人か」ではなく、「古代の東北地方にエミシは実在したか」です。「エミシがいた」といっているのは、エミシと敵対していたと自ら主張する人々が残した文献だけです。それが事実か否かが最初の問いとならねばなりません。

『日本書紀』『続日本紀』等の古代日本国の「正史」に書かれているのだから事実なのだと思う方もおられるかもしれません。しかし仮に、「国家」が残した文献だから正しいと考えるのならば、その姿勢は論理的、科学的ではありません。科学的に歴史を述べようとするのなら、誰が残した文献であれ、まず客観的な方法とデータによってそこに書かれたことが事実か否かを確かめなければいけません。一方的な歴史を書いた「国家」が残したものならばなおさらそれを徹底せねばなりません。

『日本書紀』『続日本紀』等に創作が交じるからといって、歴史を語るのに文献が使えないといっているのではありません。史料批判をして、創作か否か、また、いかなる歴史を語るのにふさわしいかを考える必要があるといっているだけです。本書でも、古代の文献を重視し、貴重な史料として大切に使います。

## 第 4 節　エミシを考える方法

### （1）歴史とは何か

　歴史は単なる「過去の出来事」ではありません。史料にもとづいて歴史を語る者、歴史家等が語った物語です。語る人がいて、書く目的に応じて史料が選択されます。エミシに関しては、語るのは古代日本国側の人であり、国家に抵抗する者、国家に属さない存在としてのエミシが記されています。エミシの様々な姿が「ありのまま」に記されているわけではありません。そのような史料を使ってエミシの日常の歴史を描けば、著しく偏った姿になるでしょう。

　また『日本書紀』のような古い文献のなかには、事実にもとづいた記述か否かを確かめるのが難しいものがあります。神代や古い天皇の時代のように、文字が使われていなかったころのものについてはそのもとになった史料は不明で、内容から考えれば創作がかなり含まれています。国家成立期の 7 世以降のものには、何かの記録にもとづくものもあるでしょう。しかしそれでも、内容のすべてが事実であるとは限りません。

　斉明天皇 5 年（659）にエミシを唐の皇帝に紹介したという有名な記事を例にしましょう。766〜801 年に編纂された唐の制度史『通典』にも記されていますので、確かにあったことでしょう。ただし、エミシらに家はなく樹の根元に住むという内容はそこには書かれていませんし、7 世紀中葉の日本列島北部の考古学資料に照らせば事実とは認められません（本書第 3・4 章参照）。それでも、エミシはそういう人々だったと、古代日本国の「正史」に、はっきりと書かれていました。

　このように 7 世紀以降の記載でもエミシの性質に関する部分には
創作が混じります。『日本書紀』斉明天皇紀の記録からわかること
は、そのような問答があったこと、そこで語られたようなエミシ像
を古代日本国が残したがっていたことなどです。エミシについて書
かれた内容が事実か否かは、別の史料や考古学資料を用いて確かめ
る必要があるのです。

## （2）記録を残さなかった人々の歴史を考える学問

　文字記録の有無にかかわらず、誰のことも分け隔てなく考える、
それが考古学です。それが可能なのは、考古学で用いる資料が人間
に関わるすべてだからです。道具類などの物質文化、ゴミの類、
様々なものの痕跡、そして人間の暮らしを支えた自然などの環境も
含まれます。時代も地域も限定されず、出土状況さえ正確に記録さ
れていれば何度でも検証できます。エミシと呼ばれた人々のよう
に、自ら記録を残さず、後世に続く民俗資料もないような人々の歴
史を考えるには、考古学が最適です。

　考古学で特に重要な方法は発掘調査です。それによってまだ誰も
知らなかった事実を発見し、それをもとに過去の個々の出来事を復
原し、そこに暮らしていた人々がいつのどの文化に属していたかを
確かにします。消えてしまった人間とその活動、思考、思想など、
見えないものを見るのです。古い方言や古地名などと考古学資料と
を組み合わせることにより、文字を持たない地域や時代の人々の言
葉についても、間接的にではありますが、考えることができます。

　もちろん考古学にも不得意分野はあります。文字や伝承がなけれ
ば、そこに暮らしていた一人ひとりの名前はわかりません。条件が
整わない限り、個人の活動を考えるのも困難です。

　ほかに、日本民俗学も、文字記録を残さなかった人々の歴史を復原することを目的の一つとしており、考古学と似た部分があります。民具、口承伝承、祖先崇拝や祭りなどの風俗、そして習慣といった民俗資料を使うのですが、文字を伴わない資料が大部分なので、正確に時代を把握するのが難しい場合が多々あります。それでも、時代の特定を研究の基礎とする考古学と協力すれば、より確かなことがいえるでしょう。

### （3）考古学で過去を復原する方法：人間や自然の理論と類推

　ところで考古学を含め、文化を扱う学問では、人間が作り・使ったモノを「物質文化」と呼びます。発掘調査をして遭遇する住居跡、石器、土器といった考古学資料は、過去のある時点でそれらの物質文化群を瞬間凍結したような状態であり、時の化石といってもよいほどです。しかも、その化石は物質文化だけを閉じ込めているのではありません。出土状況、材質、素材の産地、大きさ、形態、製作技法、文様、色などの様々な情報、それらが関連していた多様な文脈一式を伴っています。しかし、発掘した段階では図3の①②③、すなわち、いつ、どこで、どのようにあるかなどを記録できるだけです。④何？　⑤誰が？　などは、特別な場合を除き、考察して初めてわかります。さらに⑥どのように？　⑦なぜ？　といった問いに進むには、その物質文化とともに化石化した様々な文脈を読み取り考察する必要があります。

　例えば⑥の「どのように」に関する問いとしては、どのように作り、使われたのか、どのような経過を経て堆積したかなどがありますが、それらを明らかにするには、その物質文化の機能や用途、堆積に至る過程を考える必要があります。そのためには民族例、民俗

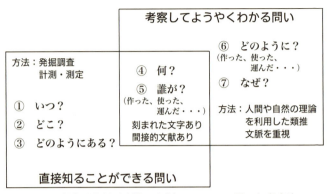

図3　考古学資料（遺構・遺物）についての問いと考察法

例、歴史的事実、実験などとの比較、堆積状況を生み出す環境等の
理解が有効です。

　⑦の「なぜ」に関する重要な問いは、なぜそれがそこにあるの
か、なぜ人がそこにいたのかです。モノや人がそこにあった・いた
という諸関係・諸状況が生じた過程を明らかにすれば、その答えを
導けるでしょう。


（4）人間や自然の理論が可能な理由：人間の普遍的部分の存在

　直接会うことができなく、文字記録も伝承もない古い時代の人々
のことを考えられる──それが考古学です。なぜ可能なのでしょ
う。研究対象が「われわれと同じ人間」だからです。人間には時や
場所を超えて共通する普遍的な部分があります。頭の構造、すなわ
ち脳の働き方や肉体の機能などです。条件を同じにすれば、人間は
一定の範囲で共通した内容を実行することになるでしょう。そして
自然にも、時空を超えて普遍的な部分があります。

　人間の過去の諸活動や人間と関わった自然を復原するために必要

なのが「人間や自然の理論」です。例えば、自然である馬の生態学的観察、馬と人間の関係についての民族学的・民俗学的・歴史学的見解があり、それらを「人間や自然の理論」として用い、遺跡から出土した馬の骨、馬具、馬の墓、それらの分布状況等の考古学資料を読み解くのです。

　さらに、土の堆積とその後の変遷も含め、遺跡の形成過程についても十分な知識を持ち、それらの考古学資料が成立した背景を正しく評価することも大切です。そうして初めて、「なぜ」「それが」「そこに」あるのかがわかるのです。人間の諸活動、自然環境、遺跡成立の背景などを正確に読み取って初めて、文字記録のない時代・地域の歴史をより豊かに語ることが可能になります。

　遺物が出土したという「事実」が即、歴史なのではありません。まずは各遺跡での出土状況、出土遺物について、それが「何」であり、「なぜ」そこにあったのかを明らかにする、個々の遺跡での出来事・背景を読み取ることが必要です（図3）。そのうえで、明らかにされた個々の遺跡・遺物を総合し、そこでの歴史を語ったり、さらに広い視点から人間の歴史を物語ることができるでしょう。

　大切なのは次の点です。遺跡個々で生じていた一回きりの個別の出来事を語るにしても、あるいは時間や空間を越えて人間一般、社会一般の歴史を語ろうとするにしても、出土遺物を人間活動と結びつけて物語るには、常に「人間や自然の理論」と掛け合わせる必要があります。これを意識することが大切です。

# 第2章　記されたエミシ

## 第1節　エミシは文献上の存在

### （1）文献上のエミシと考古学資料

　最初に重要なことを述べます。エミシは文献上の存在だということです。現在に続く伝承があるわけではありません。古代の文献にエミシと呼ばれる人々のことが書かれていたので、物質文化を使って考古学的にも考えられるだけです。したがって、エミシを考古学的に考える一番最初に、文献に書かれたようなエミシが実際にいたか否かを確かめる必要があります。そうして初めて、考古学資料とエミシとを関係づけられるのか否かが明らかになります。例えば、青森県の8世紀の遺跡から住居跡や墓が出土し人の骨が見つかったからといって、それらを「エミシの住居」「エミシの墓」「エミシの骨」といきなり呼べるわけではありません。遺物や遺骨が誰のものであるかは、まずは不明なのです。

　それでは、エミシのことが最初に記された文献は何でしょう。中国の『宋書』倭国伝です。5世紀後葉に倭王武が中国皇帝に提出した文章が残っています。倭国の東に「毛人」の住む地域があったことが記されています。「毛人」は中国語です。当時、倭国にも中国語で文章が書ける人々がいたのでしょう。「毛人」という表記は中国語ですが、その音はやまと言葉でエミシです。後に蘇我毛人が蘇我蝦夷に書き換えられることからわかります。倭王武は21代雄略

天皇と考えられています。

## （2）「蝦夷」と記した最古の文献は『日本書紀』

　このように5世紀後葉にはエミシを「毛人」と書いていたのですが、その後「蝦」の文字を使った「蝦夷」の表記が定着しました。その文字が最初に使われたのが『日本書紀』です。本文全体では、その表記が60箇所ほどあります。

　『日本書紀』は養老4年（720）に完成していますから、和銅5年（712）成立の『古事記』よりも新しいのですが、『古事記』にはもともとは「蝦夷」という表記が1箇所もありませんでした。例えば最古の写本やそれに準ずる写本にはありません。江戸時代の版木で刷られたもの以来、1箇所ありますが、本来はなかったはずです。後に詳しく述べます。また、和銅6年（713）以後に編纂された各地の『風土記』は713～720年代の成立で、『日本書紀』成立後に書かれたものもありますが、現存する5国の『風土記』に「蝦夷」表記はありません。

　『日本書紀』では、「蝦夷」表記は集団としての人々の名前だけでなく、個人名にも使われました。8世紀前葉成立の『日本書紀』には、7世紀中葉の記録として蘇我蝦夷が登場しますが、そのころの記録にもとづいた部分がある『上宮聖徳法王帝説』中には蘇我毛人と記されています。「蝦夷」表記が集団だけを意味するのでなく、単純に「毛人」すなわちエミシという音の名前を置き換えるものであり、後出であることを物語ります。『日本書紀』には、蘇我毛人を「蝦夷」と書きたい理由があったのです。

　『日本書紀』天武天皇元年（672）には鴨君蝦夷も登場します。この「蝦夷」も、『日本書紀』成立以前の表記なら「毛人」だったは

ずです。また、天武6年（677）に没した小野毛人の墓から金銅製の墓誌が見つかっており、「小野毛人朝臣之墓」と刻まれています。生まれは7世紀中葉ごろでしょう。そのころの人名としてのエミシの漢字表記が「毛人」だったことがわかります。『日本書紀』では、蘇我蝦夷のように、本来「毛人」だった人名を「蝦夷」と記した可能性があります。なぜそうしたのでしょう。「蝦夷」表記を使う意味と関係があるようです。

　一方、797年に完成し、『日本書紀』に続く697〜791年までのことが記されている『続日本紀』の場合、個人名に「蝦夷」が使われる例はありません。佐伯宿禰毛人、佐伯宿禰今毛人、中臣朝臣毛人、伊吹部宿禰毛人、阿部朝臣毛人、神服宿禰毛人女など、エミシはすべて「毛人」です。『続日本紀』では、集団名としてのエミシだけが「蝦夷」です。

　エミシを「蝦夷」と表記したのは720年成立の『日本書紀』が最初でしたが、そこには個人名と集団名の両方がありました。しかし『続日本紀』では、個人名のエミシは毛人に戻されました。

## （3）『日本書紀』中のエミシ記事の多くは国家の創作

　『日本書紀』は神武天皇紀以降は編年体、すなわち年代に沿って記されています。しかしそれが成立した8世紀前葉よりもずいぶん古い記録については、正確な記録とはいえません。「蝦夷」という表記が最初に登場し、数多く記されるのは12代景行天皇紀です。14箇所あります。ヤマトタケルが東北地方あたりにいたエミシを討ったというのです。記された通りに年代を数えれば、その実年代は西暦1世紀となり、弥生時代に相当します。しかし、この時期の記載が事実か否かは検証できませんから、エミシの実際の歴史を語

る史料としては使えません。また、弥生時代に天皇のような「王の
なかの王」が日本列島にいなかったことは考古学的には明らかであ
り、天皇の存在というのは後の創作です。ヤマトタケルも実在して
いませんでした（吉井 1977、井上ほか校注 1994）。

　さらに、『日本書紀』中の神代、あるいは実年代が 4 世紀よりも
古い時期の天皇に関する記録について、考古学の視点から次のこと
を指摘できます。これも、『日本書紀』中の一定より古い時期のエ
ミシ関連記録をエミシの性質を示す史料として使うべきではない根
拠となります。

　①神代の鉄の使用。スサノウの「草薙の剣」等、鉄剣の頻繁な使
用があります。神代は、記載通りに実年代を数えると紀元前 7 世紀
となる初代神武天皇紀よりもさらに古い時代なので、縄文時代晩期
以前となりますが、当時の日本列島では鉄は使用されていません。

　②神代の馬の飼育。スサノウが斑馬を投げ込む記載があり、神代
から馬が飼われていたことになります。しかし本来、日本列島に馬
はいませんでした。各地で馬が飼育されるようになるのは 5 世紀中
葉、古墳時代中期以降です。

　③機織り技術。スサノウは馬を機織り場に投げ込みました。しか
し、紀元前 7 世紀以前、日本列島に機織りの技術はありません。

　④瓦の生産。紀元前 7 世紀の初代神武天皇の時代に瓦を生産して
いるという記載があります。日本列島での瓦の使用は 6 世紀後葉以
降です。

　以上、簡単に見たように、『日本書紀』中の神代の実年代は、書
かれた通りならば紀元前 7 世紀よりも古いのですが、そこでの生活
様式等を見ると、考古学的には古く見ても古墳時代中期以降という
ことになります。また、その後の天皇の時代についても、初代神武

から17代仁徳、実年代にして399年までは、それぞれの在位年数が異常に長くなっています。できるだけ古く見たとして、雄略天皇紀くらいからならば、5世紀後半〜6世紀以降の記録をもとにした記載が混じっているようです。

　一般的には、『日本書紀』でも実年代を記す記録が多く残された国家成立期の7世紀以降の記載は信憑性が高いといわれています。それでも、エミシについての記載には誇張だとわかる部分が少なくありません。斉明天皇5年（659）に日本国の使が唐の皇帝にエミシを紹介したときの記録の一部を、考古学的に考えてみましょう。

　　皇帝「その国に五穀はあるか」

　　使者「ありません。肉を食べて暮らしています」

　　皇帝「国に家屋はあるか」

　　使者「ありません。深い山中で、木の根元に住んでいます」

　五穀は7世紀中葉の東北地方では栽培されていました。しかし北海道での話だとすれば嘘とはいえません。でも家屋がないというのは北海道だとしても言い過ぎです。7世紀中葉の記録でも、『日本書紀』中のエミシ関連の記事のすべてを信頼できるわけではありません。

　もちろん、文献がまったく使えないといっているのではありません。エミシを紹介した記事は唐で801年に編纂された『通典』にもあり、その出来事は確かにあったことがわかります。北海道にはアイヌ民族の祖先がいましたから、誰かをエミシとして紹介することは可能です。大切なのは、述べられた内容が真実であったかを確かめることなく、その文献をエミシの姿を語る史料として使うことはできないという点です。

## （4）「蝦夷」表記は日本生まれ？　中国生まれ？

　さきに述べたように、蘇我毛人は『日本書紀』中で蘇我蝦夷に書き換えられました。「蝦夷」という表記は『日本書紀』成立とともに現れました。『日本書紀』中の記載では「蝦夷」の表記は 12 代景行天皇紀からありますが、当然、そんな昔からあったわけではありません。『日本書紀』中で初めて何十もの「蝦夷」表記が使われたのです。

　「蝦夷」という表記が日本と中国のどちらで誕生したかについては、古くから両説あります。「蝦夷」表記が使われる中国最古の文献が 801 年成立の『通典』、『日本書紀』が 720 年成立ですから、日本で生まれた（高橋富 1963）、私もこれでよいと考えています。ただし「蝦夷」表記がなぜ誕生したか、あるいは「蝦夷」とは何かを考えるのに重要な要素ですからその後も議論は続き、最近でも河内春人氏が日本説（河内 2015）、相澤秀太郎氏が中国説（相澤 2016）を唱えています。いずれにもうなずける点があります。

　河内氏は従来の「倭国」が唐に対して自らが大国であることを認めさせるためにエミシを紹介し、だからこそ中華思想にもとづいた表記、すなわち倭国＝中華、夷狄＝四夷（東夷―蝦夷、北狄―蝦狄、西戎―隼人、南蛮―南島）が誕生したという見方です。基本的にはそれでよいのではないでしょうか。そして、その行為は結果的に、単に倭国が大国であることを示したわけではなく、むしろ、近くの東夷である倭国が媒介となってより遠来の東夷であるエミシ「蝦夷」に朝貢させ、唐皇帝の徳の高さを示す「重訳」をおこなったことになり、倭国も蝦夷も、唐に貢ぐ形となりました（河内 2015）。重要な見方です。ただ、この説明ではなぜ、エミシの新しい名称に「蝦」の文字を用いたかは不明です。

　相澤氏は斉明天皇5年（659）に唐の皇帝にエミシを紹介したときに「蝦夷」の名前を皇帝が付けたと考えました（相澤 2016）。その際の記録が801年成立の中国の制度史書『通典』にあり、それが根拠です。そこには「倭国」の使いが連れてきたエミシは髭が四尺もあると述べられており、皇帝はまさにその点に注目していたことがわかります。「〜夷」というのは中国における東の異民族に対する通常の用法です。また、当時の中国では「長い髭」の代名詞がエビでしたので、エビに似た特徴を持つ容姿の東の異民族として「蝦夷」という名前が与えられたと推論しています。また、「蝦」はガマガエルの意味もあるのですが、「倭国」ではエビについてはもっぱら別の文字を使い、当時この字をエビの意味で使っていたのは中国でした。だから「倭国」の側でエミシをエビスと発音し、エビの文字を当てはめようとしたならば別の文字となっていただろうと述べています。そう考えると、このとき唐の皇帝が「蝦夷」と命名したという説が成り立ちそうです。

　相澤氏は、重訳により、唐の皇帝からそのエミシに「蝦夷」という名前を命名してもらい、「倭国」が唐を立てる形をとりながらも、結果的に自分たちの位置を認めさせた点が大切だと述べています。中国が認めない限り、対外的には意味のない構造となっていたこの時期ですから、そうなのかもしれません。

　そしてふたりの論により、「蝦夷」表記が命名された時期、あるいは中国に認識された時期として、斉明天皇5年（659）の皇帝訪問が非常に重要であることが明確になりました。そのとき「日本国」あるいは「倭国」に朝貢する東夷、エミシの存在を唐が認めたのです。唐の皇帝はそのときまでエミシの存在を知らなかったのですから、本来その名称が中国になかったことは確かです。ここでは

それがどこで誕生したかは追究せず、それが「中国風」である点、しかしその表現をその後都合よく利用したのは中国ではなく「日本国」だった点に注目して、さらに議論を進めます。

### （5）「日本」・「中国語風天皇名」・「蝦夷」表記の誕生

『日本書紀』と違って、『古事記』には「蝦夷」表記がほとんどないのですが、さらに大きな違いとして、後者には「日本」表記が一つもありません。そして、次のことはすでに神野志隆光氏が論じていることですが、『古事記』と『日本書紀』との対比によって「日本」の意味することがよくあぶりだされてきます（神野志 2016）。その視点から、「蝦夷」が『日本書紀』に書かれる意義の理解も深まります。

『日本書紀』と『古事記』は書かれた目的が違いますから、使われる用語に違いがあるのは当然だと考える方も多いでしょう。その、書く目的の違いが重要なのです。『古事記』を語る際には不要なのに、『日本書紀』で必要という場合、なぜ必要なのでしょう。

『古事記』になくて『日本書紀』にある用語で最も重要なのが「日本」です。神野志氏は「日本」という名前は、『日本書紀』仲哀天皇9年に新羅が服属した際の記載を引用し、朝鮮諸国から東を見た名前であること、まずは日本という「王朝名」であったこと、そして大宝2年（702）の遣唐使が「倭」から「日本」への国号の変更の承認を果たしたことを述べています（神野志 2016）。養老4年（720）成立の『日本書紀』は、日本が国号として認められた段階で書かれていることになります。

ところで『古事記』と『日本書紀』とでは、①「倭」➡「日本」、②「命」➡「天皇」のように、両者で表記が変わるもの、「日本」・

中国風の天皇の諡・贈り名（死後に与えられた名前）のように、後者にしか登場しないものがあります。そして「蝦夷」も『日本書紀』にしか登場しないといえるものですが、これについては後に詳しく述べます。

　両者で表記が変わったもののうち①は、倭建命➡日本武尊、神倭➡神日本（神武天皇）、大倭➡大日本（孝元天皇など）、大倭➡日本（孝安天皇）、若倭➡稚日本（開化天皇）のような人名が大部分です。

　両者で表記が変わったもののうち②は天皇の死後に与えられた諡・贈り名です。『古事記』の場合、各天皇は「やまと言葉」の発音に、その意味を表す漢字を当てた名前（以後、やまと言葉風諡と呼ぶ）で、最後に「命」（ミコト）が添えられます。例外があり、仲哀、欽明、崇峻の３名についてはやまと言葉風諡に天皇が付いていますが、それ以外はすべて「命」が用いられています。そして『日本書紀』では、そのやまと言葉風諡に「天皇」が付きます。ちなみに現在刊行されている『古事記』は、国史大系本以外のすべてに、見出風に「〇〇天皇」と記されていますが、本来その記載はありません。

　また、『日本書紀』にしかないものとして、「日本」の他に、神武天皇、景行天皇といった中国語風の短い諡があります。「天皇」という称号はもともと中国にあり、推古天皇の時期に採用されたのですが（坂本 1988）、『古事記』ではやまと言葉風諡しか使われませんでした。

　以上のように、『古事記』やそれ以前の文献ではやまと言葉風だったものが、『日本書紀』で中国風に換えられた例が複数あります。「やまと言葉」を話していた人々にとっての名前を記す場合、

| 元の言語 | 発　音　　表　記 | 言葉の特徴 |
|---|---|---|
| エミシ語<br>（アイヌ語古語） | ツ　カ　ル＝都加留・音を示す漢字‥ | 日本語的（万葉仮名） |

やまと言葉 ┌ アラエミシ＝麁蝦夷・意味の同じ漢字・中国語的 ┐（やまと
　　　　　　└ ニギエミシ＝熟蝦夷・意味の同じ漢字・中国語的 ┘　言葉
　　　　　　　　　　　　　　　　　　　　　　　　　　　　　　　中国語）

従来は毛人

※都加留は万葉仮名なので日本で作られたということになる。
　そうなると他のエミシ呼称も日本生まれか？
　麁蝦夷・熟蝦夷は中華思想を反映している。

**図4　エミシ3種の呼び名と表記の成り立ち**

中国の文字のうち、音だけを利用してツカル→都加留、エミシ→愛瀰詩のように記す表記と、エミシ→毛人、エビ→蝦のように、「やまと言葉」の名称を中国語の名称に置き換える表記があります。本書では前者を「万葉仮名」表記、後者を「やまと言葉中国語」表記と呼びます（図4）。前者はやまと言葉の音が重視され、後者はやまと言葉の意味を重視しそれを中国語に置き換えています。前者はやまと言葉話者に対する名称、後者は発音はやまと言葉ですが、文字は中国語理解者を強く意識した名称です。

　もう一つ、「毛人」と「蝦夷」はどちらも「やまと言葉中国語」ですが、「毛人」が古く「蝦夷」が新たな表記です。この二つの表記の置き換えは『日本書紀』でおこなわれました。さきに記したように、7世紀の表記や表現が残ると評価される『上宮聖徳法王帝説』中のソガノエミシは蘇我毛人と記され、8世紀成立の『日本書紀』では蘇我蝦夷です。

## （6）日本国成立の条件：蝦夷との朝貢と敵対

　また、前述のように『古事記』には「日本」の表記がありません。『古事記』で語られたのは日本国の歴史ではなく、スメラミコト（天皇）とその周辺の人々の歴史でした。そして、神武天皇、仁徳天皇といった中国語風の天皇の名も登場しません。想定する読者は中国語に堪能な人々ではなく、やまと言葉を母語としながら中国語も理解する人々でした。一方、『日本書紀』は、歴史書としてのスタイルも、使われている名称も、可能な限り中国語風になっていました。そして、「日本国」と「蝦夷」との関係もしっかりと書かれていました。こちらは対中国でも通用することを意識して書かれた「日本国」の歴史書でした。

　そしてエミシが記された最初の文献は『日本書紀』です。朝貢関係や敵対関係によって「日本国」と一対となる存在として誕生しました。国が成立するとは、国境線が引かれ、線の内側に国民が、そして同時に外側の存在が生まれることです。その外側の存在がエミシでした。『日本書紀』は「日本国」を成立させるためにエミシを利用したのです。その最大の転換点が、斉明天皇5年（659）7月に出発した遣唐使が陸奥のエミシを唐の皇帝に紹介した記事でしょう。これは、これまでも様々な研究者がいってきたように、小中華国家としての体裁が整っていることを中国に示す（工藤 2000）、あるいは、日本国が帝国の体裁を持っていることを中国が認めたことを語る重要な記事です。

　このとき遣唐使は唐の皇帝に、「日本国」の使いだと主張したのでしょう。『日本書紀』では皇帝から「倭国」ではなく「日本国」の天皇について尋ねられたと記されています。ただ、唐側は「日本国」ではなく「倭国」と呼び続けました。その少し後に続く部分に

「倭の客」と述べている部分があるのです。しかし『日本書紀』編纂者は、「日本国」とエミシとが朝貢関係を持っている点、すなわち「日本国」はすでに帝国としての体裁が整っている点を主張しています。

さらに、エミシ名称の説明から敵対関係も読み取れます。図 4 に示したように、「日本国」の使いはエミシに 3 種あることを唐の皇帝に伝えました。東方の最も遠いところに住むツカル、次のアラエミシ、最も近くのニギエミシです。

ツカルはアイヌ語のアザラシの名前であるトゥカルでしょう（北構 1991）。アザラシはオホーツク海だけに生息していますから、その皮を交易したオホーツク文化人をツカルと呼んだのです。その表記は万葉仮名ですから日本で付けられた名前です。「蝦夷」も「都加留」も一群のエミシ、すなわち「日本国」にとっての東夷の呼称です。「倭国」ではない「日本国」という国号を含む呼称体系のなかでの表記なのでしょう。

この呼称体系は、地理的・政治的距離を示し、「日本国」の外に朝貢関係を持っているエミシと敵対関係にあるエミシがいることを説明して、帝国の条件が整っているところを示そうとしたことをあらわしています。

## （7）「日本国」の歴史を記した『日本書紀』

『日本書紀』は「日本国」の歴史を記し、『古事記』はスメラミコト（天皇）の歴史を書きました。前者にはエミシのことが数多く書かれ、後者にはほとんど書かれていません。8〜10 世紀に成立した『古事記』から『和名類聚抄』までの文献中のエミシ的な表記を探すと、その掲載は『日本書紀』『続日本紀』『日本後紀』といった古

代日本国の正史、なかでも平安時代前期、弘仁2年（811）以前の記事に集中しています。「日本国」の歴史を語るのにエミシは必要ですが、他の目的の文献では重視していないことがわかります。

　なお、『日本書紀』中、推古天皇29年（621）に「日本国」の記載があります。高麗に帰っていた僧に聖徳太子のことを中国の人物と対比して「日本国」の聖人といわせた箇所です。奈良周辺地域を倭国と呼ぶ、狭い地域の表現ではありません。また斉明天皇5年（659）の唐入朝時には、中国に対して「日本国」と表明したのでしょう。倭国ではなく、日本国の使いが皇帝に会い、日本国と朝貢関係を持つエミシからの貢物も添え、「日本国」を国として認めてもらいたいと願ったのでしょう。『日本書紀』のこの記事は皇帝と使いとの問答として書かれており、皇帝が「日本国の天皇は平安か」と問うところから始まります。唐の皇帝が実際にそういったかは不明ですが、『日本書紀』ではそう書きたかったのです。日本国は、朝貢関係を持つ東夷としてエミシがいることを中国皇帝に認めさせました。そのとき皇帝が用いた名称が「蝦夷」でした。ただ、倭国が日本国と改められたことを中国が認めたのは、大宝4年（702）の遣唐使の際だったというのが一般的な認識です（神野志2016）。これでも、『日本書紀』成立前であることには違いありません。

　次に、同時代の様々な文献での「蝦夷」表記の使用例を具体的に見て、その語が、古代日本国政府によって、「日本国」と関係する文脈だけで使われることを示しましょう。

## 第2節 エミシを記さなかった文献

### （1）エミシに興味を持たない『古事記』

『古事記』は和銅5年（712）に完成しましたから、養老4年（720）成立の『日本書紀』で初出となる表現や物語の影響を受けていません。それでも、成立時期が近いので同じ情報にもとづいて書かれた類似部分があってもよいでしょう。ただ、現存する『古事記』はすべて写本です。それぞれ表記が違う場合があるので注意が必要です。

応安4〜5年（1371〜72）に書写された国宝真福寺文庫本『古事記』が最古です。それに「蝦夷」の表記はありません。ところが寛永21年（1644）の木版刷本（以下では寛本と表記します）には「蝦夷」表記が一つあります。現在の活字本はすべてこれを踏襲しています。

寛本に「蝦夷」とある箇所は、最古の真福寺本では「瑕夷」と表記されています。しかし「瑕夷」という表記は、中国の文献を含めても『古事記』以外にはありません。「瑕」は「蝦」の誤写でしょうか。すべての『古事記』写本の表記を比較した研究によると、「蝦夷」となるのは寛本からであり、それより古い写本ではすべて「瑕夷」です（倉野ほか1965）。

『古事記』は稗田阿礼が暗記していた内容を太安万侶が漢字で記して、作られました。やまと言葉の音を漢字に置き換えた文字と中国語とを適宜組み合わせて文章化したと序に書かれています。語の並びは中国語が基本ですが、歌謡や固有名詞は当時の話し言葉である「やまと言葉」の音に近い漢字「万葉仮名」が使われました。仮

に「瑕夷」が「蝦夷」を示そうとした太安万侶による造語だとして
も、「カイ」と読むのが自然です。稗田阿礼が「エミシ」や「エビ
ス」と発音したのならば、安万侶は「カイ」としか発音できない
「瑕夷」とは記さなかったでしょう。『日本書紀』成立前の7世紀の
ことが書かれており、その時期の表現が残っていると評価されてい
る『上宮聖徳法王帝説』では蘇我毛人という表記になっています。

　ほかに、『日本書紀』中で最初のエミシ記事となる神武天皇戊午
年10月の歌謡に「愛瀰詩（えみし）」、『続日本紀』和銅7年（714）
の条に小野毛人の名が見えます。

　さらにいえば、『日本書紀』中、「蝦夷」の表記は12代景行天皇
紀に初めて現れます。14箇所あり、斉明天皇紀に次ぐ多さです。
ヤマトタケルが東西のまつろわぬ人々を討ち、広範な地域の支配の
礎を築いたという文脈です。『古事記』にも似たような記載があり
ますが、こちらでは「瑕夷」表記が1点あるだけです。相模国あた
りでの出来事を述べた後に、「それより入りいでまして、ことごと
に荒ぶる瑕夷等を言向け、また山河の荒ぶる神等を平和して」（岩
波文庫『古事記』）となっているのです。「入り」で示される内容は
抽象的で、「瑕夷」等を言向けることについては簡単にしか触れて
いません。その前後の相模国や足柄山での挿話の内容の豊かさに比
べると具体的な伝承がないことをうかがわせます。歴史学者坂本太
郎も『古事記』のもとになった『帝紀』『旧辞』はエミシに無関心
だったと考えました（坂本 1956）。

　なお『古事記』の表現法を見ると、1箇所だけある「荒ぶる瑕
夷」という表現は不自然です。「荒ぶる」は『古事記』全体で8箇
所あるのですが、7箇所では神を形容します。普通に考えれば「瑕
夷」は神に相当するのではないでしょうか。そして、「人」の形容

としては「まつろはぬ」が 5 箇所、「悪しき」が 2 箇所あります。
エミシが人間ならば「まつろはぬ」か「悪しき」が使われたのでは
ないでしょうか。

　一つ加えると、「言向ける」とは言葉で従わせることですが、荒
ぶる瑕夷等を言向け」は、荒ぶる神を霊言で鎮めるかのような表現
です。

### （2）『常陸国風土記』にも記されない「蝦夷」

　『日本書紀』『続日本紀』によれば、エミシは 7 世紀以降、日本列
島の東北部に住んでいました。古代の常陸国（現在の茨城県域）は
その居住域に隣接し、『続日本紀』中には、エミシによる被害を受
けたことが書かれます。神亀 2 年（725）3 月 17 日の条に、常陸国
の百姓でエミシに家を焼かれて財産をなくした者の租税負担を免除
したとあります。これが事実なら、8 世紀前葉の常陸国近隣にはエ
ミシがいたことになります。

　和銅 6 年（713）5 月に畿内七道諸国に対して、各地の地誌、地
名の由来、風俗、伝承等を記すようにとの官命が出されました
（『続日本紀』）。そのときに記されたのが、後に『風土記』と呼ばれ
る文献です。『風土記』は中国の『地理志』のような地誌作成の意
図を持って作られました（橋本 2007）。常陸国の『風土記』ならエ
ミシに関する記述が豊富にあるでしょう。ところが、養老 2 年
（718）～養老 7 年（723）完成の『常陸国風土記』には、その表記
はまったくありません。

　文脈から考えればエミシと置き換えてよい存在が登場する箇所も
ありますが、そこには「東夷」、「国巣」、「都知久母（ツチグモ）」、
「夜都加波岐（ヤツカハギ）」、「賊」、「阿良夫流爾斯母乃（アラブル

ニシモノ)」等があるだけです。現地ではエミシという名称が使われていなかったのでしょう。しかも「東夷」、「国栖」等が記された部分はすべて古老からの伝聞で、8世紀当時のことではなく10代崇神天皇や12代景行天皇の時代のことです。古老の話という形をとってはいますが、編者である国司自らが付け加えた可能性が高い部分です。

　現代でも、国の役人や議員たちは虚偽の答弁だけでなく、議事録の改竄すらおこないます。さきに示した『続日本紀』中の常陸国におけるエミシ被害は、公が関わる別の事件を隠すための捏造ではなかったかと疑いたくなってきます。なお、『常陸国風土記』には江戸時代に加えられた逸文がありますが、『日本書紀』などをもとに後に創作されたと考えられる部分があり、奈良時代の記録としては使えません。


### （3）『古語拾遺』にも記されない「蝦夷」

　大同2年（807）成立の『古語拾遺』にも、神武天皇以降の古伝承が書かれ景行天皇時代の記載があります。しかしそこに「蝦夷」表記はありません（嘉禄元年〔1225〕書写の最古の写本嘉禄本を底本とする岩波文庫版）。日本武尊が討ったのは「東夷」となっています。これは中国の正史で東に住む異民族等を呼んだ名前です。日本列島内の特定の集団に対する呼称ではありません。

　『古語拾遺』には、「平城天皇の朝儀についての召問に対し、祭祀関係氏族の斎部広成が忌部氏の歴史と職掌から、その変遷の現状を憤懣として捉え、その根源を闡明しその由縁を探索し、それを『古語の遺りたるを拾ふ』と題し（中略）撰上した書である」（西宮一民校注1985）と記されています。ヤマトタケルノミコトの表記が

「日本武命」であることからもわかるように、記された古伝承の多くは『日本書紀』を下敷きにしています。それでも「蝦夷」の表記はありません。

　エミシは、『日本書紀』『続日本紀』等、古代日本国の正史で使用されたむしろ特殊な呼称でした。『古語拾遺』は大同2年（807）成立であり、国家の大事業の一つエミシ征討がおこなわれていたとされる時期の編纂です。それなのにその記載がないのです。『古語拾遺』の編纂目的が祭祀関係の氏族の歴史に関することであり、エミシを語る必要がなかったというのも一因でしょう。しかし、日本武尊の東夷征討は記されており、その点は語りたかったようですが、そこに記された呼称は「東夷」でした。

　日本武尊は12代景行天皇の時代、実年代でいえば弥生時代ごろ、すなわち文字記録など残されていない時代の、伝承上の存在です。その活躍物語は創作です。それなのに、『日本書紀』の記載と違って、「蝦夷」ではなく、中国の正史にもある「東夷」が使われていました。当時の文脈で考えれば、「蝦夷」という表記は、一部の特定の人々によって使われ始めただけだと理解すべきでしょう。


## （4）漆紙文書や木簡には記録されない「蝦夷」

### ａ．漆紙文書と木簡

　本節の最後に、さきにあげた文献と同時代の遺跡から出土した文字資料について記しておきます。古代日本国の役所では多数の漆製品が使われました。それらは役所内で作られたものが多く、製作過程で生じる漆紙文書と呼ばれる遺物が多数出土しています。漆塗り作業の際、漆を良好な状態に保つため、漆液表面に和紙を載せて蓋をするのですが、役所内での作業では、そこで不要となった文書類

が使われました。その結果、漆が染み込んで丈夫になった文書がしばしば遺跡から出土します。それを漆紙文書と呼ぶのです。ただしこれには注意が必要です。漆職人は各役所に所属しているのではなく移動して作業をするので（平川 1992）、その文面を史料として使うのであれば、それが書かれた場所を確かめなければいけません。

　また、古代の役所には各地から様々な物資が運ばれましたが、その際に荷札として短冊状の木板が使われました。文字による情報の伝達、忘備録、文字の練習などにも薄い木板、廃棄された折敷（食事の際に個々の食事を載せる敷物とされた木製の板）片などが用いられました。文字を記すために使われたこれらの木板は「木簡」と呼ばれています。

　漆紙文書も木簡も、国家の正史である『日本書紀』のように後世に残す意図で用意されたものではありません。ある場所でその時々に必要に応じて書かれ、捨てられ、たまたま残ったものです。したがってそれが記された文脈さえ理解できれば、非常に貴重な文字資料となります。東北地方でも、秋田城、払田柵、多賀城など、8～10世紀後半ごろまでの国府やそれに類する機関跡から多数出土しています。しかしいまのところ、「蝦夷」と記された文書は1点も出土していません。『青森県史資料編古代2出土文字資料』には、2003年度までに出土した北海道、東北6県、新潟県の文字資料が網羅されています（青森県史編さん古代部会 2008）。これを用いてもう少し詳しく説明します。

### b．漆紙文書に記された人名

　「蝦夷」という記載はないのですが、政治的に国に従うようになったエミシの呼称とされる「俘囚」（フシュウ）の納税に関わる基本台帳が秋田城から出土しているという指摘があります（伊藤

2006、鐘江 2016）。しかし、文書に「俘囚」と書かれているわけではありません。何が読み取れるのか、具体的に考えてみます。

　史料1は、秋田城跡から出土した9世紀前半のものと推定される漆紙文書です（青森県史編さん古代部会 2008）。

史料1　秋田城跡第七二次調査　ＳＫ－
一五五土坑

□城公刀自売年×
□□城公子刀売
□卅□
[温 水ヵ]
和太公真夜売年廿六
和太公×　×売年廿四
和太××□売年廿三
和太公□□□刀自売年卅一
和太公子真刀売年卅七
和×公子真刀売年卅七
戸主小高野公三手継戸口合四十七

不課

以下

第一八号文書

「和太公」「小高野公」という名前が見えます。「和太」「小高野」という地名に「公」という姓が付けられたもののようです。それについて、「現地名＋公の氏姓は蝦夷系の人びとに与えられた」（伊藤 2006）、「地名＋公という氏姓は帰属した俘囚に与えられることが多い」（青森県史編さん古代部会 2008）と説明されています。しかし、「地名＋公」が「蝦夷」や「俘囚」の名前になる根拠は示されていません。『続日本紀』延暦9年（790）5月5日条に、陸奥国遠田郡の郡領「遠田公押人」が夷の姓を他の公民のように改めてほしいと願い出て、「遠田臣」を賜ったという記事があり、これをもとに、現地名＋公姓が夷姓、現地名＋臣姓が内民の姓だと述べた論考があります（高橋富 1974）。このあたりを踏襲したのでしょうか。

　9世紀前半、現地名＋公姓は一般的な名前でした。『続日本紀』天平宝字3年（759）10月8日条に、「天下の諸姓の君の字を書くものを公に換えさせ」とあります。「君」も「公」も「天下」すなわち日本国全域で使われる氏姓でした。『日本書紀』中の氏名を検討した中村友一氏は、氏姓の前に置かれる名は「地名」か「職掌」に由来すると述べています（中村 2009）。『続日本紀』でも氏名の

構成は同じです。

「公」氏姓を持つ人名を『続日本紀』から探すと、「地名と思われる名前＋公」形式の名がいくつもあります。上野国碓氷郡の外従八位下・上毛野坂本公黒益、備前国藤野郡の大領・藤野別公子麻呂、土佐国土佐郡の神依田公名代（無位）、薩摩国の外従五位下・薩摩公鷹白のように、関東から南九州まで各地に見られます。しかも秋田城18号漆紙文書の「和太」や「小高野」は、それが現地名だとしても、アイヌ語等の日本語以外の名ではなく日本語地名です。帰属した蝦夷である「俘囚」の名前だと理解すべき理由はどこにもありません。

同じく9世紀前半のものと推定される秋田城19号漆紙文書に「下毛野公造守」という名があり、これについては「下野国からの移民もしくは俘囚系の氏姓として知られ、この人物が俘囚だった可能性がある」（鐘江 2016）という解説があります。しかし、陸奥国よりも南の現在の栃木県にあたる下毛野の出身者を「俘囚」だと考える正当な理由はありませんから、素直に下野国からの移住者だと理解すべきです。

もう一つ、一年間の死亡者を記した「死亡帳」とされる、秋田城16号文書に「高志公」「江沼臣」が見え、「高志公は越後国南部に分布し、江沼臣は加賀国江沼郡を本拠とする氏族であり、いずれも北陸地方から出羽国への移民とみられる」（青森県史編さん古代部会 2008）と述べられています。ここは素直に評価されています。他の箇所も同様に、無理せず、ある地域の氏族だと理解すればよいのです。

### ｃ．「狄」が記された木簡

「狄」の文字が記された木簡が大仙市払田柵跡と、秋田市秋田城

跡から 1 点ずつ出土しています（青森県史編さん古代部会 2008）。古代中国では東西南北の辺境地域にいる異民族を、東夷、西戎、南蛮、北狄と呼びました。北の異民族が「狄」でした。この文字は、中国同様、古代日本でも北の異民族について使用されました（熊田 2003）。

　払田柵の資料には「具　狄藻肆拾」と記されています。「狄藻」は北の異民族の海藻の意味なので昆布のこと、「肆拾」は四十です。秋田城のものには「八月廿五日下狄饗料□二条□」と書かれています。「蝦夷に対する饗食のために、物品を下付したことを示す」と解説されています（青森県史編さん古代部会 2008）。「饗食」とは「酒や料理でもてなす」意味です。前者は払田柵の創建期、すなわち 8 世紀末～9 世紀初頭ごろの資料、後者もほぼ同じ時期のものです。どちらも、古代日本国正史『続日本紀』によれば、陸奥国・出羽国の「蝦夷」と日本国軍が激しく戦っていたとされる時期です。

　これらの木簡は、その内容から払田柵、秋田城で記されたと理解できますが、人々の呼称として「東夷」や「蝦夷」ではなく、「狄」が選ばれていました。それらの城柵よりさらに北に住む異民族を指した表記と考えるべきです。払田柵よりも北の昆布産地の狄は、北海道の古代アイヌ民族のこととなります。秋田城木簡の狄も秋田城から見てさらに北の異民族で、しかもこの時期に、もてなす必要のあった人々です。交易相手であった北海道の古代アイヌ民族でしょう。

　また、『類聚三代格』に、これらの木簡と同時期の延暦 21 年（802）の禁止令「禁断私交易狄土物事」があります。渡嶋狄が土地の産物として様々な獣の皮を貢ぐ際、良品を国の役人たちがまず購入し、残った粗悪品が貢がれていたので、その禁止令が出されてい

た、しかし出羽国司すら守らない、そこで改めて禁止するというのです。渡嶋は北海道のことなので、ここでの獣皮はアザラシ、ラッコ、ヒグマなど北海道で得られるものです。出羽国は北海道の狄と近い関係にありました。

8世紀末〜9世紀初頭ごろに「狄」で示されたのは北海道の古代アイヌ民族のことであり、秋田城で饗されたのはこの人々でした。

## 第3節 「毛人」と「蝦夷」のその後

### (1) 平安時代後期の『色葉字類抄』に見る「エビス」

12世紀中葉ごろ成立の『色葉字類抄』という辞書があります。原本は残っていませんが、12世紀後葉の増補版である三巻本『色葉字類抄』の鎌倉時代初期の写本が伝わっています。漢語を頭音により「いろは歌」順の四十七篇に分け、植物、動物、人倫などの部門ごとに単語をあげ、その読みが記されています。平安京での当時の漢語の利用状況を知ることができる文献です。それには「エミシ」と読みがなが振られた文字はありませんが、「エビス」はいくつもあります。人倫部門に「俘囚」「夷」「蛮」「戎」「狄」「兇」「商」、植物部門に「決明」（エビスクサ）、「芍薬」（エビスクスリ）、「昆布」（エビスメ）です。「毛人」と「蝦夷」はありません。この時期、これらを「エビス」と読むことは、ほぼなかったということでしょう。

また、「エ」の篇の国郡部門に「エゾ」と読む文字はありませんが、「フ」の篇の国郡部門に「俘囚」があり、「フシウ」「エゾ」とルビが振られています。「俘囚（フシウ・エゾ）」は人倫部門にはありません。平安後葉〜鎌倉初期の「フシウ」や「エゾ」は地名なの

です。同書国郡部門には「陸奥」があるので、それよりもさらに北の地域を指した地名と理解してよく、その後の地名の残存状況からは、「エゾ」は北海道と見るべきでしょう。本来「俘囚」は人についての呼称で「フシュウ」と発音したのですが、後に「エゾ」とも読まれるようになり、12世紀後葉にはそう呼ばれた人々が住む地域の名前となっていたと理解できるのではないでしょうか。

## （2）鎌倉時代の『伊呂波字類抄』に見る「エビス」

　『色葉字類抄』の13世紀の増補版、十巻本『伊呂波字類抄』では、いくらか内容が変わっています。「エ」の篇に「エゾ」や「エミシ」がなく「エビス」だけがあるのは同じですが、そこにあげられた文字は、「俘囚」「蝦夷」「俘夷」「夷狄」「蛮」「戎」「狄」「兇」「商」「邊」です。「紫葛（エビスカツラ）」、「蒲萄（エビスカツラノネ）」、「芍薬（エビスクスリ・エビスクサ）」、次がすべて「エビスクスリ」で「白木」「餘容」「梨食」「解食」「鋋」「甘木」、次は「エビスクサ」で、「決明」「馬蹄決明」「草決明」「萋蒿子」「草用」「羊明」があげられていますが、これらが「エビス」の入った漢語です。昆布（エビスメ）は収録されていません。

　「フ」篇には、人倫部門に「俘囚（フシュ）」がありますが、平安時代の『色葉字類抄』と違って国郡部門には見られません。俘囚はもともと捕虜という意味の中国語なので、人倫部門で取り上げるのが当然で、派生した結果、国群部門でも扱うことになるのでしょう。例えば、中世以降、北海道のことをエゾ（蝦夷）と呼びましたが、これも、まずエゾ（蝦夷）と呼ばれた人々がいて、次にその人々が住む土地を同名で呼ぶようになったのです。

　このように12世紀後葉の『色葉字類抄』と13世紀の『伊呂波字

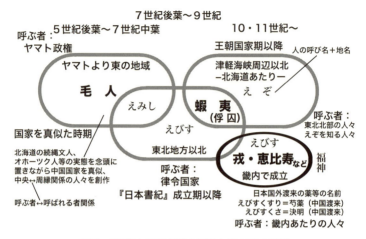

図5 「蝦夷」表記が指す対象と呼ぶ者の変遷

類抄』とでは、「俘囚」や「エビス」についての記載の傾向が幾分異なっています。また、13世紀には「エビス」と読む漢語の採録が増えました。特に注目したいのは、「エビスクスリ」「エビスクサ」のような薬としての「エビス〜」が増加したことです。これらは外来の植物です。しかも薬ですから、「エビス」は、使うたびにマイナスではなくプラスの印象が与えられたことでしょう。

12〜13世紀には「エミシ」という呼び名が消え、「エビス」という音に与えられたイメージも7〜8世紀の古代日本国の正史に記されたものとは完全に違っていました。そして、「毛人」の表記もなくなっていました。

（3）エビス信仰の誕生　呼ぶ者と呼ばれる者の関係

これまでに見たように、12世紀までの間に「エビス」の印象はかなり変化していました。福神の「エビス様」もこの間に誕生しま

した。8世紀には東に住む野蛮人の印象が与えられていたエビスが
その400年ほど後には福神となっていたのです。図5を使って、
7〜12世紀くらいまでのエミシ関連名称の変化を簡単に振り返って
おきます。注目点は、誰が（呼ぶ者）、誰を（呼ばれる者）、どこで
呼んだかです。

　7世紀後葉以前、畿内あたりに住むヤマト政権の人々は、より東
に住む人々をエミシと呼びました。8世紀前葉になると畿内あたり
で『日本書紀』を書いた古代日本国政府の人々が、本州東北部以北
の住民について「蝦夷」と記し、エビスと発音しました。しかし
10世紀以降は、古代日本国の人々でさえ「蝦夷」表記をほとんど
使わなくなり、北の異民族を指す場合には「夷狄」と記しました。
11世紀には北部日本域の住民がエゾと呼ばれ、12世紀の平安京の
貴族や僧侶たちの歌にいくつも登場します。歌のなかでは「えぞ」
とひらがなで記され、千島に住むとされました。現在の北海道で
す。日常の呼び名をもとに中央の貴族たちが使うようになったとす
れば、北海道の人々をそう呼んだのは東北北部の人々であったと考
えられます。「エゾ」は後にアイヌ民族と呼ばれる人々の祖先でし
た。ここでは古代アイヌ民族と呼んでおきます。

　12世紀にはエビスの名は使われなくなったのではなく、畿内あ
たりで福神の名前となっていました。13世紀に成立した『伊呂波
字類抄』に、摂津国の広田神社（現在の兵庫県西宮市西宮神社）の
1社に「夷」社があり、読みはエビスでした。承安2年（1172）に
その神社で開かれた歌合でエビスを詠んだ歌があります。それをも
とに、喜田貞吉（1935）や岡田米夫（1974）は12世紀にはすでに
「エビス信仰」が成立していたと述べています。現在、エビス様は
七福神の一人であり、商売繁盛の神として日本各地で祀られていま

す（吉井編 1999）。

　このように、エビスは本来の居住域だとされていた本州東北部以北からずいぶん離れた畿内あたりで、そのイメージが変えられていたのです。その後「えびす信仰」は日本各地に広まりました。その名が、東北北部の実在の集団の名ではないことをよく物語っています。

### （4）「エミシ」「エビス」「エゾ」と漢字表記の変化

　エミシについて書かれた最古の例は 5 世紀後葉の『宋書』倭国伝中の「毛人」です。日本列島の東側に住む人々のことでした。6 世紀末葉〜7 世紀中葉に実在したソガノエミシは、7 世紀後葉当時の情報が記されているといわれる『上宮聖徳法王帝説』では蘇我毛人と記されています。5 世紀後葉の「毛人」も発音はエミシだったはずです。

　しかしその後 8 世紀前葉の『日本書紀』で、日本列島の北辺東辺の人々を初めて「蝦夷」と記しました。斉明天皇 5 年（659）、唐の皇帝に熟蝦夷を紹介し、日本国にエミシが朝貢することを認めさせた後のことです。そして「日本」国号成立の時期に、政府系の人々が「毛人」を「蝦夷」に換えました。ただしその表記が用いられたのはエミシ征討がおこなわれていた 9 世紀初頭、すなわち律令体制が維持されていた時期までです。弘仁 2 年（811）にエミシ征討の終了が決定されて以降、その表記は正史上ではほとんど使われなくなりました。

　10 世紀以降、王朝国家体制となるとエミシ表記は文献に記されなくなりました（表 7）。中国が正史に日本国の存在を記した時期、日本国が正史を編纂しなくなった時期です。同時に北部日本域に住

表7 「エミシ」「エビス」「エゾ」表記の変化とその背景

| | 7世紀中葉以前 | 7世紀後葉〜9世紀 | 10・11世紀〜 |
|---|---|---|---|
| 表記 | 毛人 | 蝦夷（夷俘、俘囚、狄） | 蝦夷 |
| 読み | えみし | えみし・えびす | えぞ |
| 地域 | おおよそ関東〜中部 | おおよそ東北〜北海道 | 東北北端部〜北海道 |
| 国号 | 倭国 | 日本 | 日本 |
| 政治体制 | ヤマト政権 | 律令国家 | 王朝国家・中世国家 |
| 文献 | 『宋書』倭国伝 | 『日本書紀』等日本国正史 | 和歌等 |
| 対象読者 | 中国の政権 | 中国の政権、日本の政権 | 非政治的 |

む人々はエミシやエビスとは呼ばれなくなりました。残された文献による限りエゾと読む表記の初出は11世紀ですが（熊田 1986）、社会の変化のあり方から推測すれば、10世紀のうちにその呼称は誕生していたでしょう。

　12世紀の中央の貴族は「エゾ」をたびたび歌に詠みましたが、固有の漢字表記は生まれませんでした。正史に書く必要がなく、中国語で表記しなくてよかったからでしょう。そして14世紀以降「蝦夷」の表記が再び使われ、エゾの読みが定着しました。

　一方エビスという音は、畿内あたりでは福神の名となり、良き存在となりました。その後近世〜現代までエビスは福神の名前、エゾはアイヌ民族や北海道の名前です。このような呼称の変化は、「エビス」が特定集団の自称ではなく、ある集団の呼称として広く認識されていたわけでもなかったことを物語ります。

　「蝦夷」の表記を記す最古の文献は『日本書紀』です。それは漢文、つまり古代の中国語で書かれていました。読者は非常に限られていました。日本列島の東部に住む人々は最初、「毛人」と記されました。しかし7世紀に古代日本国は日本国の名を主張し始め、「蝦夷」表記を使い始めました。日本国と朝貢関係を持つ「熟蝦夷」

を紹介し、小帝国の構造をすでに持つことを示し、中国皇帝から「蝦夷」という名前を授かり、承認を得たのです。その後、10世紀成立の『旧唐書』に、倭国と日本国が並列されました。中国政府は唐の時代に日本国の存在を認めたのです。「蝦夷」表記は徐々に見えなくなっていました。古代日本国も、エミシの存在を無理に強調する必要がなくなったからでしょう。

　一方、北海道に実在する異文化の人々は、遅くとも11世紀にはエゾと呼ばれるようになっており、12世紀には歌にもよく詠まれました。あえて中国語で記す必要はなかったので新たな漢字表記は生まれませんでした。その結果、中世以降、過去に北方の異民族を示すのにも用いられていた「蝦夷」表記は「エゾ」と読まれるようになりました。


## 第4節　エミシの居住域


### （1）7〜9世紀の認識

　これまでに述べてきたように、エミシは第一に古代の文献上の存在でした。そこでまず、エミシがいつ、どこに、どのように住んでいたのか、文献に記された内容を明らかにしておきましょう。『日本書紀』斉明天皇紀5年（659）、「日本」の使いが中国の皇帝の面前に男女の「道奥」のエミシを連れていったときの問答が史料2です。ここにあるのは形式上はその使いの認識ですが、『日本書紀』に採用されたものですから、中央政府の一般的認識と理解してよいでしょう。以下に、その内容を抜き出し、簡単に解説します。

　〔時期〕659年、7世紀中葉のことです。

　〔居住域〕連れていかれたエミシは「道奥」の居住者で、そこは

史料2 『日本書紀』斉明天皇五年 伊吉博徳書（坂本ほか校注 一九九五）

天子問ひて曰はく、「此等の蝦夷の国は、何の方に有るぞや」

使人謹みて答へまうさく、「国は東、北に有り」

天子問ひて曰はく、「蝦夷は幾種ぞや」

使人謹みて答へまうさく、「類三種有り。遠き者をば都加留と名け、次の者をば麁蝦夷と名け、近き者をば熟蝦夷と名く。今此は熟蝦夷なり。歳毎に、本国の朝に入り貢る」

天子問ひて曰はく、「其の国に、五穀有りや」

使人謹みて答へまうさく、「無し。肉を食ひて存活ふ」

天子問ひて曰はく、「国に屋舎有りや」

使人謹みて答へまうさく、「無し。深山の中にして、樹の本に止住む」

天子重ねて曰はく、「朕、蝦夷の身面の異なるを見て、極理りて喜び怪ぶ。使人遠くより来て辛苦からむ。退りて館裏に在れ。後に更相見む」

平城京から見て東方です。京からの距離によって3種類に分けられ、遠方から順にツカル、アラエミシ、ニギエミシと呼ばれています。

〔国との関係〕ニギエミシは日本国と朝貢関係を結んでいます。

〔何を食べたか〕五穀はなく、肉を食べています。

〔家について〕山奥の木の根元に住んでいます。

〔容姿〕日本人や中国人とはずいぶん違っています。

文中に「蝦夷の国」とありますが、これは「蝦夷の住んでいる地域」くらいの意味です。政治組織を持つ国ではありません。なお、

「道奥」のエミシを紹介したと、史料2として引用した部分の前に述べられています。皇帝に対して、エミシは東の方角に住んでいると答えていますが、地域を特定してはいません。当時の人々の頭には図6のような地図はありませんでした。ただし、ニギエミシが「日本国」に朝貢するとのことですから、エミシたちは国外の人々です。7世紀中葉当時、東方の国外地域、すなわち「道奥」は、現在の知識でいえば東北北部や北海道です。

最も遠くに住むというツカルは、アイヌ語のトゥカルであり、アザラシを指すという説があります（北構 1991）。それでよいと思います。アザラシはオホーツク海に生息します。したがって、その皮の交易相手はオホーツク文化人でした。その、アザラシの皮を持ってくる人をツカル（トゥカル）と呼んだのではないでしょうか（図6-2）。また、人々の呼び名がエミシではなくツカルであることも、エミシと違う範疇の人々だと呼ぶ側が認識していることが現れています。

エミシは五穀を知らぬ食生活だったということですが、考古学的には7世紀当時、農耕をせず狩猟採集を生業の基本としていたのは北海道の続縄文人やオホーツク人です。本州島では東北北部も含めて、農耕、馬飼をおこなっていました。また、「山奥の木の根元に住む」というのは、山奥にあるような大木の根本に住む、ということかもしれませんが、家を持たぬ生活をしている人々はどの地域にもいません。『日本書紀』では、エミシを低い文化の民だと印象付けたかっただけでしょう。

また、史料2の中国皇帝最後の言葉から、ニギエミシの容姿が日本人とは大いに違うことがわかります。最も近い地域の蝦夷ですらそうだというのです。そしてこのときのことが766〜801年成立の

唐の制度史『通典』にも記されているのですが、連れてこられたエミシの鬚が 4 尺もあると書かれています。現在の日本人を含め東アジアの多くの人々は比較的髭が薄く、アイヌ民族は鬚が濃いのが特徴です。

　以上を総合すると、ツカル、アラエミシ、ニギエミシの居住域は北海道内に収まり、東北地方はその北部といえども当てはまりません。従来、史料 2 で語られるエミシの居住域については、図 6-1 のように考えられ、相対的な遠近関係と方向が合っているだけの、日本の使いの頭のなかの適当な話なのだと理解されていました（松本 2011）。しかし、本書の理解では図 6-2 のように、ツカルがオホーツク沿岸のオホーツク文化の人々、ニギエミシが北海道南部の続縄文文化の人々となります。

　その後時代の文献における認識を『続日本紀』や多賀城碑文から記しておきます。

　〔8 世紀〕神亀元年（724）に多賀城（宮城県多賀城市）が、天平 5 年（733）に秋田城（秋田県秋田市）が造営され、その地域までは古代日本国の領土となったと認識されていました。多賀城入り口に天平宝字 6 年（762）に建立された多賀城碑には、多賀城から 120 km ほど北に蝦夷国があると刻まれています。それは現在の岩手県平泉町あたりとなります（図 6）。

　〔9 世紀〕延暦 21 年（802）に胆沢城（岩手県奥州市）、同 22 年（803）に志波城（岩手県盛岡市）が築造され、9 世紀初頭には、それらの地域までは確実に古代日本国の領域になっていました（図 6-2）。

図6-1　文献に記された蝦夷の居住域　従来説

（2）東北北部以北は古代日本国の外

　文字記録に記されたエミシの居住域を抜き出し、その位置を具体
的に示したのが図6です。東北地方全域とそれより北をエミシの居
住域と考える図6-1は従来のほとんどの研究者のイメージでもあり
ます。しかし、当時の人々の知識や諸活動の文脈に沿った、より素

図 6-2　文献に記された蝦夷の居住域　本書説

直な理解は 6-2 です。ツカルを、発音の類似から現在の青森県の津
軽地方だとする見方も可能ですが、それでは、①ツカルという発音
の由来、②その名だけエミシと別体系の名付け方であること、③ニ
ギエミシの容姿が日本人と大きく異なること、この3点を説明でき
ません。

　そして図6-2が正しければ、7世紀中葉段階に、エミシが北海道以北に住んでいたことを文献ではっきりと述べていたことになります。おそらくそれでよいのでしょう。ただ、古代日本国の役人たちは、飛鳥から奈良へと時代が進むうちに別の作文をしてしまったのです。8世紀に東北地方の未開拓地を次々と領地化していくなかで、国としての望ましい歴史を物語るために、単に開拓をしたのではなく、侵略戦争に勝利しつつ進めたということにしたのでしょう（松本 2011）。

　さて、文献にはエミシがどこに住んでいたと書いてあるのか、それは実際の地理情報だとどこに相当するのか、解釈ではなく書かれたことだけを淡々と述べて、まとめにしておきます。

　9世紀の初頭までには、東北北部より南の地域には古代日本国の政治を司る機関である城柵が築かれて、陸奥国、出羽国に編入されていました。それに対し、東北北部は、11世紀後葉になるまで日本国の外だと認識されていました。よって、図6-2で示す、米代川流域、馬淵川流域から北の東北北部は、古代日本国の意識からすれば間違いなく蝦夷の居住域でした。北海道にアイヌ民族の祖先が古くからいたことは誰にも否定できません。そこで本書では、古代の文献にも記されていない東北北部を対象として、その地の居住者がどのような人々だったのかを考えます。

# 第3章　東北北部の人々の暮らしと
## 　　　その文化的系統

### 第1節　馬を飼ったのは誰か

#### （1）エミシは馬の民

　江戸時代から20世紀の中頃まで、岩手県から青森県東部にかけての地域には、馬と人とが同じ屋根の下で暮らす南部曲屋と呼ばれる家がありました。それに、今でも盛岡市では毎年6月に「チャグチャグ馬っこ」という祭りがおこなわれていますが、それはこの周辺に馬を飼う人々が多くいたことを物語っています。また、青森県東部八戸市周辺の三八上北と呼ばれる地域も中世以来の馬の産地です。特に七戸町には現在もサラブレッドを育てる種馬場がありますが、それは日本全域で、他に北海道中南部の日高地方、鹿児島県東部の大隅半島に1箇所ずつあるだけです。さらに言えば、東北北部の東側地域は古代以来馬の名産地でした。馬を飼うのに適した環境だからです。

　しかし本来、馬は東北北部どころか日本列島にすらいませんでした。そして馬の骨が見つかるようになるのは古墳時代中期の4世紀後葉以降ですが、列島各地で広く飼われるようになったのは5世紀中葉より後です。実は、日本列島の馬は、古墳時代に各地で古墳を造っていた人々によって飼われるようになった生き物なのです。

　ところで、東北北部には前方後円墳が造られず、古墳時代はな

かったと多くの研究者はいいます。しかし、古墳時代終末期に当たる7世紀にはそこでも馬が飼われていて、奈良時代にはエミシは優れた馬飼だといわれていました。東北北部東側の自然環境を考えれば、それは可能だったでしょう。でも、もともとは馬がいなかった東北北部で、どのような過程を経て馬が盛んに飼われるようになったというのでしょう。

　それに、当時の北海道の人々もエミシと呼ばれていましたが、馬の産地として有名だったのは津軽海峡より南の本州東北部でした。後の時代のアイヌ民族も馬を飼いませんでした。これは何を物語るでしょう。実は、エミシと呼ばれた人々はもともと東北北部にいたのではなく、古墳文化の担い手で、馬を飼うための広い牧場を求めて、そこに移住した人たちなのです。文献も用いながら詳しく説明しておきましょう。

## （2）東北北部の馬関連文献

### a．8世紀前半

　東北北部あたりでの馬飼を示した最古の文献は、『扶桑略記』養老2年（718）8月14日条です（史料3）。ここには、必要部分を書き下したものを示しました。出羽と渡嶋の蝦夷が馬を千疋貢いたので位禄を授けたと書かれています。馬を長い距離移動させる労力、飼料の量を考えると「千疋」はあまりに多いので、写す際に十を千と書き間違えたとの見方もあります（北構 1991）。そうかもしれませんが確かめられないので、多くの馬を貢いだとだけ理解しておきます。なお、当時の認識では出羽といえば、現在の秋田県以北に続く青森県全域も含まれていました。渡嶋は一般的には北海道と理解されていますが、考古学資料によれば、当時そこで馬は飼われてい

史料3　『扶桑略記』養老二年（七一八）八月十四日

出羽ならびに渡嶋の蝦夷八十七人来たり、馬千疋を貢ぐ。即ち位禄を授く。

史料4　『類聚三代格』延暦六年（七八七）正月二十一日

太政官符

まさに陸奥の按察使、王、百姓、夷俘と交関する禁断すべきこと

（略）王臣および国司ら、争いて狄馬および奴婢を奪い馬を買う。（略）無知の百姓、憲章を畏れず、この国家の貨を売り、夷俘の物を買う。綿、すでに賊の甲冑、また敵の農器を造る。

史料5　『類聚三代格』弘仁六年（八一五）三月二十日

太政官符

馬を出すことを禁断すべきこと

（略）軍団の用、馬より先んずるなし。しかして権貴の使、富豪の民、互いに相往来し、捜求絶えず。遂に則ち吏民を託煩し、夷獠を犯強す。国内粛かならざる、おおよそこれに由る。

史料6　『類聚三代格』承和四年（八三七）二月八日

太政官符

まさに弩師を補うべきこと

（略）弩馬の戦闘は夷狄の長ずるところ、平民数十もその一人の敵ではない。但し弩を用いた戦ならば、多くの賊も一基の発射機に敵わない。

---

ません。現在の青森県域あたりの「蝦夷」が馬を貢いだことになります。

　当時、馬を貢ぐとは政治的従属の証でした（高橋富 1958）。養老2年（718）は『日本書紀』成立前ですが、当時の古代日本国は蝦夷が政治的に従属していることを認めていたのです。それなのにある時期以降『続日本紀』からその記述は削られました。政府は、朝貢してくる異民族がいることを中国に示したかったので、本来これは誇るべき記録だったはずなのですが、『続日本紀』中の8世紀後葉の蝦夷征討記事との整合性を保つうえで不要となり、『扶桑略記』が編纂された平安後期の後に『続日本紀』の写本を作る際に省かれたのではないでしょうか。

### b. 8世紀後半　北の人々との頻繁な馬の交易

　史料4は、『類聚三代格』延暦6年（787）の、陸奥・出羽国の貴族・国司らと「夷俘」（この史料にはこう記されていますが、現代の書籍では「蝦夷」と書き換えられています。エミシの別名と思って結構ですが、中国語では捕虜という意味もあります）との交易に関する禁止令です。宝亀5年（774）の海道蝦夷による宮城県石巻市桃生城襲撃から弘仁2年（811）の征夷終了までを研究者は38年戦争とも呼びますが、その最中に国司らはエミシを相手に私的な交易をおこない、馬や奴隷を買っていたというのです。国司というのは政府側の非常に位の高い役人です。政府軍とエミシらとが激しく戦っていたという正史の記述とは真逆の内容です。

　ただ、これは禁止令です。禁止された様々な行為や、指摘された出来事は実際にあったことになります。利潤を貪る者たちが暗躍し、一般の人々が交易していたばかりでなく、政府軍の甲冑ですらエミシたちの「農具」に作り変えられたというのです。戦争していたはずのこの時期に、軍事も含め、陸奥・出羽国内の政治全般に関わる国司らが、馬を買い、武具を農具に変え、交易していたというのです。それに「敵の農器」と書かれています。エミシは農耕をおこなっていたのです。

　いずれにしても東北北部の人々と国との間に緊張関係があったなど、まったく感じられません。読めるのは、国司らにとって、「夷俘」（エミシ）の飼う馬は、戦闘用の武器類と換えるに値する魅力的な対象だったということです。「征夷」と私的交易とは表裏一体だったのです。政府に対しては戦に使ったといいながら、実際は交換の品となった武器や兵糧が多かったのです。そして、禁止令を何度も出さなくてはならないほど頻繁に交易がおこなわれていので

す。『続日本紀』に書かれた「激しい戦闘」の実態は、「頻繁な交易」のことでした。

　そして大切なのは、古代日本国側の人間が交易で最も入手したかったのが馬だったという点です。史料中に「敵」と書かれてはいますが、交易相手である「夷俘」（エミシ）は陸奥国や出羽国、そして国外の東北北部に住む馬飼の人々でした。

　c. 9世紀　ますます盛んなエミシとの馬の交易

　『類聚三代格』巻 19 禁制事、弘仁 6 年（815）条に、陸奥国・出羽国から馬を私的に購入したり持ち出したりすることを禁ずるとあります（史料 5）。表現は多少違いますが、同じ内容が『日本後紀』の同年同日条にもあります。そのようなことをしているのは国の位の高い役人、貴族、富豪層たちでした。類似した禁止令が貞観 3 年（861）にも出ています。人々はたびたびの禁止令を無視して馬を私的に購入し続けていたのです。「夷獠を犯強す。国内粛かならざる、おおよそこれに由る」と書かれています。「夷獠」はエミシと同じ意味です。彼らと和人との間で紛争が起こる原因の大方が馬をめぐる私的交易だったと政府は認識していたのです。延暦 6 年（787）の禁令からわかるように、エミシが育てた馬を買うことは 8 世紀後葉の "エミシ征討" 時から続いていました。実は、エミシとの "戦い" は、馬を買う際に起こった利害関係の "もつれ" によって起きていたのです。

　他に『類聚三代格』という文書の承和 4 年（837）の条に、「夷狄」は弓馬の戦闘能力が優れていると書かれています（史料 6）。「夷狄」の「狄」は中国では北の異民族のことです。同じ内容が『続日本後紀』同午同日の条として記録されています。文書ではここに引用した箇所に続けて、「それゆえ鎮守府（多賀城）に弩師の

配置を望む」と続き、それが主題です。「夷狄」の弓馬の術のこと
は要求を通すために添えられた話です。誇大表現もあるでしょう。
ただ、当時の役人たちの一般的認識だったと考えるのは問題ないで
しょう。しかしあくまでも認識であり、「夷狄」の実態とはいえま
せん。9世紀中葉の多賀城周辺に北の異民族などいません。強力な
弓を備えて戦う必要などなかったでしょう。要らぬ兵器を、業者の
ために高額で購入し、見返りも得ていたといったところではないで
しょうか。

### d．10～12世紀　記されなくなるエミシと馬

　10世紀になると陸奥国が馬を朝廷に貢ぐことが恒例化し12世紀
前葉まで続きました（大石 2001）。「陸奥国交易馬」と呼ばれ、『御
堂関白記』『小右記』『中右記』等、そのころの貴族の日記類に数多
く記されています。具体的な内容は不明ですが、陸奥国が正税で馬
を購入し朝廷に貢上したと考えられています（大石 2001）。正税と
は稲穀といって、穂から外してはありますが籾が付いたままの米の
ことです。国司が管理していました。ただし、馬を飼育していたの
が誰であるかについては日記類には記されていません。

　それでも、馬の産地についての情報は都にも伝えられていたよう
です。10世紀には次の歌が詠まれています。

　　陸奥のお（を）ぶちの駒ものがふには荒れこそ勝れなつくもの
　　かは――詠み人知らず『後撰和歌集』1252番（『新日本古典文
　　学大系　後撰和歌集』岩波書店）

　作者未詳ですが950年以前の作とされています。平安京あたりで
は10世紀中葉にはすでに「陸奥のおぶちの駒」についての評判が
歌に詠まれるほど定着していたのです。東北北部でも優秀な馬が飼
われていたと思われますが、エミシが馬を飼っていたという記録

は、10 世紀にはもう残されなくなっていました。

　その後、12 世紀にはエゾを詠む歌が増えました。しかし、エゾと馬を関連づけた歌はありません。この時期の平安京の人々はその二者を一連のものとは考えていませんでした。また、歌に詠まれたエゾの居住地は千島で、現在の北海道にあたります。

　以上に見てきたように、10 世紀の陸奥国は馬の産地でしたが、8〜9 世紀にあったエミシが優秀な馬飼だというイメージは公的記録にも歌にも残されませんでした。エゾと馬とは結びつけられませんでした。人々の意識のなかのエゾはエミシではなかったのです。

## （3）東北北部の馬関連遺跡

### a．7〜8 世紀　馬飼の開始と馬の墓

　東北北部の 7〜8 世紀の馬に関連する遺跡を図 7 に示しました。注目すべきは馬の墓が作られていたことです。八戸市丹後平古墳群と岩手県山田町房の沢 4 遺跡から、7 世紀末葉〜8 世紀前葉ごろのものが見つかっています。丹後平古墳 2 号土坑には、出土した歯が永久歯であることと土坑の規模から壮齢の馬 1 頭が埋められたと推定されています（八戸市教育委員会 1991）。房の沢 4 遺跡の 4 基の土坑（土を掘った穴）にも、それぞれに馬 1 頭ずつが埋められていました。4 基とも末期古墳の傍らにあります。古墳被葬者が飼っていた馬を殉死させたのでしょう。

　丹後平古墳群の 2 号土坑も殉死させた馬のものでしょう。この隣に同規模の 3 号土坑が並ぶようにあります。ここから馬の片鱗は見つかっていませんが、同古墳群から検出された人間を埋めたと推定される土坑墓よりずっと深いので、やはり馬を葬ったものでしょう。また、丹後平古墳群では、古墳の周湟に轡が置かれた例があ

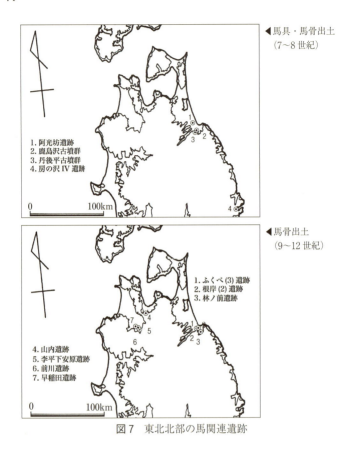

◀馬具・馬骨出土
　（7〜8世紀）

1. 阿光坊遺跡
2. 鹿島沢古墳群
3. 丹後平古墳群
4. 房の沢 IV 遺跡

0　　　　100km

◀馬骨出土
　（9〜12世紀）

1. ふくべ(3) 遺跡
2. 根岸 (2) 遺跡
3. 林ノ前遺跡

4. 山内遺跡
5. 李平下安原遺跡
6. 前川遺跡
7. 早稲田遺跡

0　　　　100km

図7　東北北部の馬関連遺跡

0　　　10cm

1. 丹後21号墳　2. 丹後平15号墳　3. 阿光坊10号墳　4. 阿光坊9号墳
図8　出土馬具　轡（1〜4：各報告書より転載）

り、山田町房の沢4遺跡では古墳玄室内の被葬者のそばに置かれた
例もありました。このように轡の置かれ方は様々ですが、葬られた
主人の馬を殉死させ、その口から外したものなのでしょうか。

　主人の馬を殺し葬ることは大化2年（646）の薄葬令で禁止され
た古墳時代の風習です。馬の墓が見つかった2遺跡は直線で100
kmほど離れており、それぞれ独自の思いつきで造られたとは考え
られません。馬の埋葬は5世紀以来の日本列島内の古墳文化地域
や、列島への馬や馬飼技術の源である中国東北部（前漢中期以降）
や朝鮮半島で広くおこなわれていました（桃崎 1993）。これら2遺
跡の人々は、それをおこなう東アジアの人々と思想や風習を共有し
ていたことになるのです。

　他にも、青森県おいらせ町阿光坊古墳群（下田町教育委員会
1991）、八戸市丹後平古墳群（八戸市教育委員会 1991）、同市鹿島
沢古墳群から、轡や杏葉（馬に着せる飾り）などの馬具が出土して
います（図8）。図8-2は丹後平古墳群15号墳の周溝に置かれてい
た轡です。7世紀末〜8世紀初頭ごろの土師器の坏（椀型の土器）
と伴いますが、轡の製作年代は6世紀前半ごろと推定されます。

　また、馬具が墓から出土するのは8世紀までです。大化の薄葬令
からしばらく経って、国外である東北北部でも馬を殉死させる風習
が廃れたのでしょう。多少遅れながらでも人々は国内の風習に沿っ
ていたことになります。

　ところで、7〜8世紀前葉に限れば、当時の東北北部の馬関連遺
跡はその東側地域に偏り（図7-上）、すべて末期古墳と関連しま
す。そして同時代の集落遺跡の分布域とも重なります。当時、東北
北部に住んだ人々は、馬を飼うのに適した環境の地域を選んでいた
のです。轡などの馬具が末期古墳から出土する点、日本列島におけ

る馬の飼育が古墳文化で育まれた点、末期古墳が終末期の古墳文化との関連なくしては生まれない点などを重視すると、東北北部で馬を飼い始めた人たちは、古墳文化地域から移住してきた人々だったと考えられます。

### b. 9〜12世紀

9世紀に入ってしばらくすると東北北部の西側に大規模な集落が現れました。それ以前にはほとんど誰も住んでいなかった地域です。特に9〜10世紀前半の集落は現代の居住域にも近く、水田を作ることができる沖積地に面した台地の縁を占めるものがほとんどです。馬の骨や歯なども見つかっています（図7-下）。地形に着目すれば、9世紀の津軽地方では馬を飼うよりも水田作りを目的とした土地が広く利用されたと推測されます。10世紀以降には、それまで集落がなかった山のなかや下北半島南部の台地など、水田作りに不向きないところも開拓されました。

例えば青森県上北郡六ヶ所村の場合、5世紀後半以降400年ほど誰も住んでいなかった六ヶ所台地上に9世紀後葉〜10世紀後葉の集落が多数作られました。ここは夏にはヤマセと呼ばれる寒冷な風が吹き、昭和初期まで稲よりも稗が作られていたところですが、馬の名産地でした。古代も馬飼を目的として開拓されたのでしょう。このような集落の増加は、前節で見た陸奥国交易馬が頻繁におこなわれるようになったのが10世紀であったことと強く関連しているでしょう。

10世紀後半〜11世紀の八戸市林ノ前遺跡から多くの馬の骨が見つかりました（青森県教育委員会 2006）。鉄鏃、切断された人骨など、戦闘に関わると思われる遺物や遺存体が多いので、馬も戦闘に使われたと推測されています。そこは集落遺跡であり牧場は見つ

かっていませんが、台地の縁にあります。台地上には、牧場もあったと思われます。

## （4）馬飼いの始まりとその背景

### a．自然環境──夏冷涼な黒ボク土地帯──

　古代東北北部での馬の飼育は 7 世紀に突然始まりました。人々は、それ以前にその地域になかった新しい文化や生活様式を持ち込みました。東北北部は東西で気候が大きく異なり、この点が重要です。20 世紀中葉ごろのものですが、図 9 として東北北部の自然環

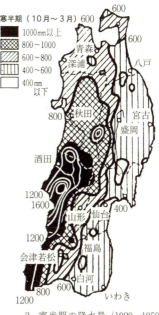

1．水稲冷害率（1934 年）（日本地　　　2．寒半期の降水量（1920〜1950
　誌研究所 1975）　　　　　　　　　　　年代の平均）（岩波書店 1961）

**図 9　東北北部の気候の特徴**

境を簡単に示しました。奥羽山地より東側は、夏にヤマセが吹き稲作に冷害が出やすいのです。ただし冬は寒くても降水量が低く根雪はあまり深くありません。一方、奥羽山地より西側は、弥生時代に水田が作られた田舎館村や弘前市を筆頭に冷害になりづらい地域が多いのですが、冬の降水量が高く雪も深いのです（図9-2）。古代は冬でも戸外で馬を飼うのが一般的でした。東北北部でも馬が自力で餌を食べられるのは、根雪が浅い東側の地域だったのです。

八戸市周辺の古代の集落遺跡は台地や丘陵上にあります。そこは水の便が悪く水稲耕作には不向きですが、火山灰にササやススキのようなイネ科植物が生え、人間が草を焼いてできた黒ボク土（細野・佐瀬 2015）が広がっています（図10-1）。ササやススキは馬の好物です。東北北部の黒ボク土地帯は冬に戸外で馬を飼うのに適した環境なのです。

図9・図10を合わせて考えると、黒ボク土の分布範囲は古代から現代にいたるまで牧畜、特に馬の産地である可能性が高いでしょう。図10-2の古代の牧場の情報は、10世紀中葉に編纂された『延喜式』に記された地名を、現代の地名と照らし合わせて作成したものです（安田 1995）。ただし、東北地方のことは『延喜式』に書かれていないので、入間田宣夫氏の研究（入間田 1988・1990）を参考にして書き入れました。

### b．社会環境　その1

7～8世紀当時、日本列島内の諸地域で見られた馬飼は、古墳時代中期に朝鮮半島からその技術や風習が移入されて以来、列島各地の特色が加わってはいたと考えられますが、基本的な点は共通していたはずです。天平宝字元年（757）施行の『養老令』「厩牧令」（井上ほか 1976）を参考にすると、馬飼には、雑穀、稲、塩などの

1. 黒ボク土の分布域
   （山根・松井ほか 1978をもとに作成）

- ■ 近都牧
- ● 御牧
- ◎ 諸国牧
- ▲ 中近世東北の牧
- ▼ 近世南部藩の牧

0　　　200km

2. 『延喜式』に記された官牧と
   中近世の東北地方の牧の分布
   （安田 1959、入間田 1988・1990をもとに作成）

図 10　黒ボク土・古代の官牧の分布域の類似

飼料、鉄製の轡、木製の鞍といった馬具が必要であり、毎春牧の草焼きもおこなわれました。馬具の製作には特別な情報と高度な技術が必要です。自作ではなく、馬飼の中心地から入手したことでしょう。飼料は、牧場に自生するイネ科植物を利用したと考えられますが、それには春先の草焼きが大切で、大きな山火事にしないための技術は、見よう見まねでは体得できなかったでしょう。馬の病気の処置法や死後の皮や内臓等の利用法、精神的な面では、馬を含む信仰大系、宇宙観なども共通した部分があったでしょう。しかも、馬を利用するには幼獣のころからの「しつけ」や調教が必要です（沢崎 1987）。その諸ルールを熟知した人が対応したのでしょう。

　それらの技術は体系だっていて、容易に開発できるものではありません。遊動的な生活をしていたと考えられている続縄文人が、たまたま近くで飼われている馬を見て、その利用を思い立ち飼育を始めたといったことなどではありません。馬も戦闘も知らなかった人々が、動物に乗って戦うなどということは思いつかないでしょうし、複雑な判断を瞬時に馬に伝える技術も、優れた先達なしに習得などできなかったでしょう。

　例えば近世アイヌ民族は馬を利用しませんでした。アイヌ語では馬を「ウンマ」と呼びます。日本語からの借用です。アイヌ民族は、身近なものには、それが外来のものであっても、アイヌ語の名を付けます。馬はアイヌ民族の文化体系に位置づけられなかったのです。したがって、古代の東北北部でも、人々にその意志がなければ馬が飼育されることも、利用されることもなかったでしょう。

　それでは、7世紀に突然、東北北部で馬が飼われた目的は何だったのでしょう。そのころ、日本列島各地に官道が整備され駅伝制が敷かれました。「厩牧令」によると30里（約15 km）ごとに駅が置かれ、大路（山陽道）に20匹、中路（東海道、東山道など）に10匹、その他の小路に5匹ずつ、馬が配備されました。非常に多くの馬が必要となり、馬の需要が高まりました。当時、多くの馬は1年を通じて戸外の牧場で飼われ、自然のなかで餌を食みました。より多くの馬を飼うためには、新たな広大な牧場が必要でした。そこで、馬の好物であるササやススキなどが豊富で、しかも誰も利用しておらず自由に使える広い土地を求めて、馬飼たちは東北北部に移住したのでしょう。

　そこは、イネ科の植物が広がる土地で、しかも誰も使っていなかった土地なのですから、当然国外でした。ただ、国の命令で新た

な牧場を広げたのではなく、馬飼のうちの一部が勝手に移住していったのでしょう。ですから、陸奥国や出羽国域が拡張したことにはされませんでした。

### c. 社会環境　その2——馬飼の系譜——

八戸市丹後平古墳群から出土した馬の骨から、それは体高（肩までの高さ）が 130 cm ほどの中型馬であったことがわかっていますです（八戸市教育委員会 1991）。それらの馬は東アジア経由で連れてこられたと考えられています（市川 1981）。同古墳群出土の轡には朝鮮半島産の 6 世紀代の製品もあります。馬の埋葬は中国東北部から朝鮮半島にかけて広く見られた風習で、日本列島上に古墳文化として広がりました。

後に墓の系譜のところで述べますが、末期古墳の形態や八戸市丹後平古墳群から見つかった地下式土坑墓の存在から、中部高地や関東地方で馬を飼っていた人々の移住を考えることができます。

農耕や馬飼をおこなう社会は、農地や牧など一定の広さの土地が必要であり、徐々に人口が増えます。一方、続縄文文化のような農耕をおこなわず採集や狩猟を基本とする社会では、人口は増えません。前者は、一定の土地の占有と人口増加が当然の社会（人口増加社会と呼びます）なので、時間の経過とともに所有する土地を拡大しなければなりませんが、後者は居住地を広げる必要はありません。両者の生活者の持つ自然環境や土地への観念は、おのずと違ってきます。

人口増加社会ではない続縄文文化の担い手たちが、南の地域のまったく異なる生活様式を 7 世紀に突然取り入れたと考えるより、南の人口増加社会から集団で人々が移り住み、馬飼が始まったと考えるのが自然です。馬を飼う人々は、古代日本国が成立する飛鳥時

代に、終末期古墳文化の社会から移住してきたといえるでしょう。

## 第2節　集落に住んだのは誰か

### （1）集落遺跡は人々の来歴を語る宝庫

　集落は通常次の4つの段階を経て遺跡となります（図11）。第1に誕生、第2に継続、第3に消滅、最後の第4が埋没です。第1段階の集落の誕生は、複数の住居や墓、住む人々の生活全般に関わる様々な道具類が一括して登場する現象です。突然、そして同時にすべての要素が発生するので、様々な技術や能力を持った人々を含む

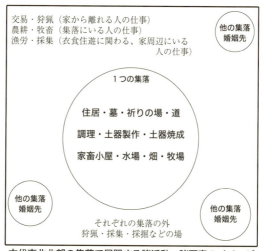

他地域からの移住　　　　　　他地域への移住
新集落の造営　　　　　　　　新集落の造営
**1. 誕生 ⇒ 2. 継続 ⇒ 3. 消滅 ⇒ 4. 埋没**
　　　婚姻（同一文化圏・言語圏が普通）・子育て
　　　諸活動（同一文化圏・異文化圏との交流）

交易・狩猟（家から離れる人の仕事）
農耕・牧畜（集落にいる人の仕事）
漁労・採集（衣食住遊に関わる、家周辺にいる
　　　　　　　　　　　　　人の仕事）

他の集落
婚姻先

1つの集落

住居・墓・祈りの場・道

調理・土器製作・土器焼成

家畜小屋・水場・畑・牧場

他の集落
婚姻先

他の集落
婚姻先

それぞれの集落の外
狩猟・採集・採掘などの場

**古代東北北部の集落で展開する諸活動・諸要素のイメージ**

**図11　集落が遺跡になるまでの4段階と集落での諸活動**

集団が別の土地から移住してきたことになります。第2の継続段階とは、集落生活の基本となる婚姻・出産・子育てが含まれ、すべての活動が維持されていることになります。第3が集落の消滅という段階です。その集団がどこか別の地点に移住してしまうことです。その後、集落はしだいに土で埋まっていき遺跡となります。もちろん、継続段階中に人が埋めるという場合もありますが、この人為や自然による埋没が第4段階です。埋没し、結果的に保護され、遺跡は人々の来歴を語る宝庫となるのです。

　今簡単に見たように、集落遺跡は、それが存在するというだけで、ある集団がどこか別の地点から移住してきてそこで暮らし、再びどこかに去っていったことを示す非常に重要な遺跡なのです。そして、集落を造営した人々の活動内容の、誕生～消滅（廃棄・移住）までの3つの段階と2つの移住先をまとめたのが図12です。

### （2）移住者は若い開拓者

　新たな集落の誕生には集団の移住が必要です。既存の集落全体が移り住む、あるいは一部の若者たちが分かれて新たな土地を開拓し集落を営むのです。図12では元の集落から若者たちが開拓に出る場合だけに単純化しました。実際は、①集落全体が移動する場合、②一部の若者がちが出た後もそこに残る若者たちにより数代継続する場合、③一部の若者たちが出た後しばらくして消滅する場合、など様々な状態があるでしょう。でも、どんな集落も最後には廃棄され、土に埋もれ遺跡となりました。

　そのような理由で、1つの集落遺跡は3つの段階の活動内容を含むことになるのです。①開拓段階、②継続段階、③廃棄段階です。第1は、移住元からの分岐を示し、同時に移住元の第3段階、廃棄

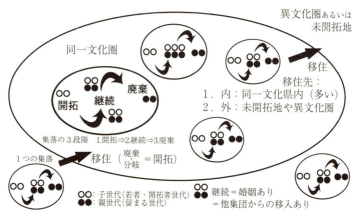

**図12　1つの集落が示す3段階の活動内容と2つの移住地**

と重なります。第2の継続段階は婚姻関係を結び続ける段階です。婚姻相手は同一集団内にいる場合も、外の集団にいる場合もあるでしょう。後者の場合、同一言語圏＝同一文化圏での関係が普通でしょう。そして集落が廃棄されるとき、併行して別の集落が造営されることになるのですが、それは同一文化圏内のこともあれば、異文化圏のこともあります。

　また、移住者が開拓者となるような場合、人々は比較的若い人たちだったでしょう。移民は多くの場合、未開拓の土地を拓き、新たに集落を造るのです。体力と気力が必要でした。そしてこの点に、墓や土器などが、「本場のものと少し違う」現象が起きる原因があるのでしょう。

　さて次に、ここで説明した集落遺跡の見方によって、古代東北北部の集落を造営した人々の出身地について考えてみましょう。

## （3）移住者の出身地を知る方法

　集落の造営先は大きく分けて2通りになります。①同一文化圏、②異文化圏です。例えば東北北部の2〜6世紀のように、数世代に匹敵する期間、その集落の周辺100km四方ほどの範囲に集落が存在せず、しかもさらに以前の数世代に渡っても集落がなかったのに、その後突然集落が現れたような場合、もともとそこに住んでいた「在地集団」がないので、離れた場所から人々は来たことになります。人々の出身地は、言葉が共通である「同一文化圏」と、言葉が違う「異文化圏」の場合があります。

　図13に見るように、東北北部では、7世紀以降の集落遺跡には6世紀以前のいかなる生活の跡もありません。例外的に、八戸市田向冷水遺跡では、5世紀後葉〜6世紀初頭に当時の古墳文化の集落が営まれましたが、その時期の集落は長続きしませんでした。人々がそこで暮らし続ければ、遠くにある同じ文化の人々と婚姻関係を結び交流したはずですが、そのようなことはなく、100年以上無人の時が過ぎ、7世紀後葉に再び集落が造られました。

　その集落は、5世紀前半までのこの地域の人々の文化だった続縄文の要素ではなく、7世紀当時の終末期古墳文化の要素を持っていました。人々は古墳文化地域からの移住者でした。集落の誕生には多くの人々が必要です。おそらく明治時代の北海道への入植のように、ある地域から集団が来て、東北北部を開拓したのです。

　そして7世紀以降100〜150年ほど、だいたい3〜5世代に渡って集落は続きました。その間、様々な交流があり婚姻関係が結ばれ続けました。特に婚姻が重要です。その婚姻関係があったことを示すのが遺跡から出土する遺物です。

　婚姻した女性の持ち物や作った物を出土遺物のなかから読み取れ

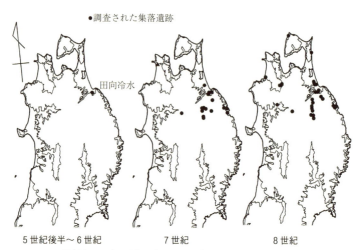

●調査された集落遺跡

田向冷水

5世紀後半〜6世紀　　　　　7世紀　　　　　　　8世紀

※7世紀までの東北中部以南はすでに古墳文化地域で土師器を使用。

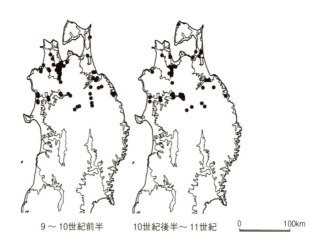

9〜10世紀前半　　　　10世紀後半〜11世紀　　　0　　　　　　100km

**図13　東北北部の集落遺跡分布図**
（松本 2011 を基本に、各報告書の成果を加えて作成）

るなら、どの文化に属していたかを見ることができます。集落から出土する遺物の組み合わせもその集団の文化を示します。集落遺跡誕生時、すなわち最初の段階の遺物は、その集団がどこから来たか、継続段階の出土遺物は、どの集団の人々と交流をしているかを示すのです。

　以上、簡単に見たように、どんな集落も最後には廃棄され遺跡となるのですが、そこは、住んだ人々の来歴を語る宝庫です。次に東北北部の集落について、時期による増減の様子を見ます。背後に人々のどのような動きがあったのかを考えます。

### （4）集落遺跡数の変化

#### a．6世紀以前：人口希薄期

　東北北部では2〜5世紀前半の集落がほとんど見つかりません。墓や土器破片が出土する遺跡はいくつかありますから人々が生活していたことは確かですが、それも多くはありません。見つかっている集落遺跡は5世紀後葉〜6世紀初頭の八戸市田向冷水遺跡だけです（図13）。その後も6世紀の終わりまで、集落遺跡どころか土器破片すらないのです。また、田向冷水遺跡は、土器も住居もすべて古墳文化社会のものです。5世紀前半まで東北北部の主流であった続縄文文化のものではありません。

　東北北部でも縄文時代以来人々は竪穴住居に暮らしていました。ただしそれが見つかるのは、水稲耕作がおこなわれていた弥生時代中期までです。土器の器種もその時期までは豊富です。煮沸用の甕（深鉢）だけでなく、壺・高坏・台付鉢などもありました。しかし、2世紀ごろの弥生時代後期になると土器は甕（深鉢）しか見つからなくなり、竪穴住居跡も発見されなくなります。弥生時代中期以前

と後期以降とでは、集落遺跡のあり方に違いが生じていたのです。

　2～6世紀中葉には竪穴住居のような地中に深く掘り込まれた頑丈な造りではなく、痕跡が残りづらい構造の家に住んでいたという説があります。5世紀前半までは墓も土器も見つかっているので、その土地に人々がいたことは間違いなく、そう考えてよいでしょう。ただ、個々の遺跡から出る土器片数はわずかで、遺跡の存続時期も短いので、このころの東北北部は人口が希薄で、しかも5世紀後半以降はほぼ無住の地といってよい状態だったようなのです。

　b．7～8世紀：東北北部東側での集落の出現

　この時期にいち早く集落が営まれたのは八戸市域でした。6世紀後葉くらいにはその造営が始まっていたようです（宇部 2015）。ただし東北北部東側の広い地域に集落が出現したのは7世紀に入ってからでした。そこにいたのは古墳文化社会同様のカマド付竪穴住居跡や、坏・高坏・長胴甕・甑の4器種を基本的な組み合わせとした土師器を使う人々でした。カマドを使い、穀物を食材とした調理をおこない、銘々の土の器を用いた食事をするといった人々の姿を読み取ることができます。

　それ以前のその地域には集落がありませんでした。しかし突然、まったく新しい生活様式が定着したのです。そしていったん集落の造営が始まると集落数が急増しました。人口が増加する社会となっていたのです。

　c．9世紀以降：東北北部西側での集落の出現

　9世紀に入ると東北北部西側に数多くの集落が造られました。早いところでは8世紀後半から集落が営まれ始めましたが、多くの地域ではそれまで数百年間集落がなかったところに、突然造営され始めました。

　その時期の集落の特徴は、7〜8 世紀に東北北部東側に営まれた集落よりも大規模なことです。例えば青森市野木遺跡では、523 棟もの住居跡が見つかっています。200 年間に満たない期間でのことです。1 棟の使用期間を 20 年とすれば、一時期に約 50 棟が立ち並んでいたことになります。実際は、すべてが同時に建て替えられるわけではないでしょうから、それ以上の数の家があり、人々が暮らしていたのです。

　9 世紀以降に集落が営まれた東北北部西側地域では、津軽平野や能代平野などの沖積地を望む台地縁辺に集落ができました。沖積地から遠い台地上に集落がいくつも造られた 7〜8 世紀の東北北部東側とは少し違います。現在、それらの平野部は水稲耕作適地です。図 14 によると 9 世紀はそれ以前に比べて少し寒冷です。そんな時期に水稲耕作適地周辺に大集落ができたのでした。ただし 9 世紀に造営された集落は 10 世紀前半までに廃棄されたものが多数ありました。そして 10 世紀中葉以降には、米代川上流部や下北半島南部など、山間地やそれまであまり集落がなかった地域にも新たに集落が造営されました。やや寒冷だった時期ですが、寒くてもそれまで誰も住んでいなかった地域を目指した人々がいたのでした。

### （5）物質文化の組み合わせの変化：移住者による開拓

　5 世紀前半まで、東北北部の人々は続縄文土器と石器を使って生活していました。住居跡は見つかっていません。また、農耕や馬の飼育はおこなわれていませんでした。しかし 7 世紀以降の人々は農耕をおこない馬を飼い、カマド付竪穴住居に住み、鉄器を持ち幾種類もの土師器を使っていました。続縄文土器を使う生活と土師器を使う生活は、まったく異なる生活様式の文化です。この文化の変化

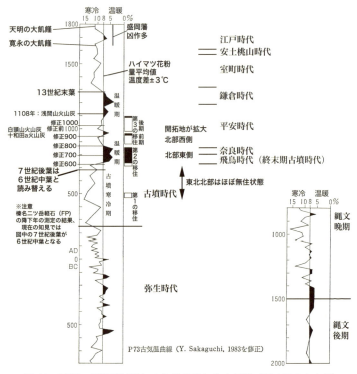

**図14** 尾瀬ヶ原湿原試料により推定された古気温（阪口1989に加筆）

　は、連続して少しずつ進んだのではなく、100年以上の空白の時期
の後に、突然起こったのでした。

　誰も住んでいない地域に、それまでにはない生活様式の集落が突
然出現したのです。集団が移住してきたことになります。その移住
者は古代日本国領域から来た人々でした。根拠は次の6つです。①
突然の馬飼の定着、②突然のカマド付竪穴住居の定着と普及、③突
然の土師器の定着と普及、④突然の末期古墳の造営、⑤突然の人口

増加社会の定着、⑥前時代まで集落がなかった土地における突然の集落の急増。

　従来、エミシは続縄文土器使用期以来の東北北部の民であり、住居や墓の形態、馬を飼う、農耕をおこなうといったことは、人々が古墳文化社会やそれを経た社会から学んだ結果だと考えられてきました（熊谷 2004、八木 2010 など）。しかし、東北北部でのそれらの物質文化や生業の変化は、前時代の生活内容の部分的な変化ではありません。文化要素のすべてが突然現れたものです。その出現前、5 世紀後半〜6 世紀いっぱい、少なくとも 100 年以上、3 世代以上に渡り続縄文的な文化要素が東北北部で一切見られないことは、遺跡が「未発見」なのではなく、5 世紀前半までと 7 世紀以降とではそれらの文化の担い手の系統が違うと考えるべきなのです。

　それは、次のことからも読み取れます。5 世紀前半までとは違って、7 世紀以降に東北北部の人々が交流した相手は、北海道の人々ではなく、土師器文化、すなわち本州島の人々となっていました。

　このときの東北北部の状態は、19 世紀後葉以降の明治時代の北海道に似ていたでしょう。そこに移り住んだ人々の多くは、すでに何かを成し遂げた成功者ではなく、未来を切り開く若い人たちでした。例えば私が子どものころ住んでいた洞爺村香川（現洞爺湖町）の場合、移住者の主体は独身または若い夫婦でした（洞爺村 1976）。東北北部でも 7〜10 世紀、多くの地域で新たに土地が開拓され、集落が営まれるようになりましたが、それは若い人々の移住の跡だったのです。もう一ついいますと、明治の北海道には屯田兵もいました。警備と開拓をおこなったのですが、この人々も若かったのです（伊藤 1979）。東北地方に集められた兵士も、開拓をおこなっていたはずです。

## 第3節　墓に葬られたのは誰か

### （1）末期古墳と土坑墓

　図15は青森県東部のおいらせ町にある阿光坊古墳群です。杉林の前に小高いマウンドがいくつも見えます。それらは復原された墓です。沖積地よりも一段高い台地上に、最盛期には20基ほどの円墳が造られていました。一つひとつの規模は、直径8ｍ、高さ1.2ｍほどです。この古墳群は、7世紀前葉から8世紀後半まで、数世代に渡ります。考古学では「末期古墳」と呼ばれていますが、8世紀、すなわち奈良時代になっても「古墳」が営まれていたことから、研究者の間では古墳文化の「古墳」とはみなされていません。東北北部から北海道にかけての墓として一般的だった土坑墓を基礎としながら、本場の古墳の形態、規模などの要素を取り入れて造営

**図15　阿光坊古墳群　青森県おいらせ町**（2015年8月筆者撮影）

されたと評価されています（八木 2010）。土坑墓とは、地表面から
穴を掘ってそこに埋葬するものです。

　しかし、直径 8 m ほどもある大きな墓と、1 人の人間を埋めるだ
けの容積の土坑墓とでは、それを造る人々の心情が違いすぎます。
図 16-1・2 として、八戸市丹後平古墳群の末期古墳と七戸町森ヶ沢
遺跡の土坑墓の平面的な規模を比較しました。前者の 1 人分の面積
に、後者の場合は 20 名が眠ります。同図 3・4 は丹後平古墳群と北
海道江別市西島松 5 遺跡の土坑墓群の広がりを同じ縮尺で並べたも
のです。丹後平には 10 m 四方に 1 人、西島松では 5〜10 人くらい
が葬られています。

　もともと土坑墓を造っていた人々が、南の人々に学んで末期古墳
を造ったのだと、多くの研究者たちはいいます。しかし、それまで
おそらくはすべての人のために、それぞれの身の丈に合わせた墓を
造っていた人々が、全員ではなく、特定の人々のためにだけ、身の
丈の規模を無視した大きな墓を造るようになり、それが学んだ結
果、あるいは真似た結果だなんておかしくはありませんか？　末期
古墳は古墳文化の系統上にある墓だと考えるのが自然です。


## （2）地下式土坑墓

　八戸市丹後平古墳群にはもう一つとても珍しい墓があります。図
17 に示した地下式土坑墓です。東北北部ではこれが唯一の例です。
墓のなかからは何も見つかっておらず、細かい時期は不明ですが、
12 号土坑墓より新しく 10 号土坑墓より古く、この古墳群の時期が
7 世紀後葉〜8 世紀前葉なので、7 世紀末葉〜8 世紀初頭ごろに造ら
れたと推定できます。地表面から垂直に竪穴を掘り、ちょうど背丈
ほどの深さに到達したら、そこから奥行き 1 m、幅 1.5 m ほどの横

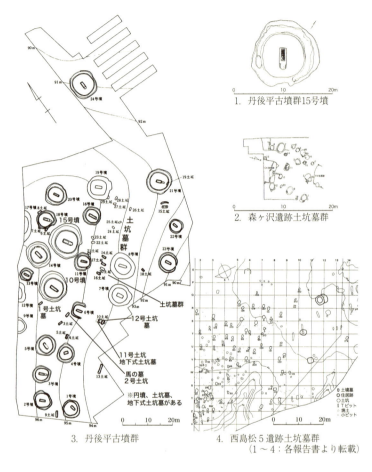

1. 丹後平古墳群15号墳

2. 森ヶ沢遺跡土坑墓群

3. 丹後平古墳群

4. 西島松5遺跡土坑墓群
（1〜4：各報告書より転載）

図16　末期古墳（1・3）と土坑墓（2・4）との比較　形態と敷地面積

穴を掘っています。その横穴部分に死者が埋葬されたのでしょう。

　図16に示したように、丹後平古墳群にはマウンドを持つ末期古墳が24基、土坑墓が29基ほど見つかっています（調査されたのは19基で、深さから馬の墓だと推定されるものが5基あります）。地

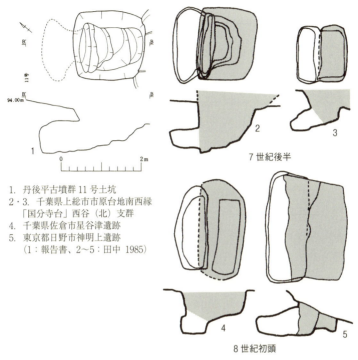

1. 丹後平古墳群 11 号土坑
2・3. 千葉県上総市市原台地南西縁
　　「国分寺台」西谷（北）支群
4. 千葉県佐倉市星谷津遺跡
5. 東京都日野市神明上遺跡
　　（1：報告書、2〜5：田中 1985）

7世紀後半

8世紀初頭

**図17　丹後平古墳群の地下式土坑と関東の地下式土坑**

下式土坑墓は１基だけです。このタイプの墓は丹後平古墳群では少
数派なのですが、たとえ１例でも確かにあったのですから、それが
どこの系統の墓なのかここで簡単に考えておきましょう。

　この地下式土坑墓と似たものは関東地方に多数あります。北は茨
城・栃木・群馬県、南は千葉、東京都まで広い範囲で見つかってお
り、特に多いのは千葉県北半部です（田中 1985）。最古段階のもの
は５世紀まで遡るようですが、盛んに造られたのは６世紀末葉から
８世紀前半で、終末期古墳時代の群集墳の一形態です。図17に東

京都日野市、千葉県佐倉市の7世紀後半から8世紀前半くらいの例を載せました。

　ところで、地下式土坑墓タイプの墓が最も多く造られたのは南九州、宮崎県南部です。それらは地下式横穴墓と呼ばれています。5世紀前半〜8世紀後半までのものがあり、奈良時代にも造られていました。この地域のものは、棺が納められた部分は横穴石室状の形態になるようにしっかりと掘られており、家形をしたものも複数あります。また、甲冑や兜といった武具、鉄鏃、鉄刀、そして轡などの馬具が副葬されているものも多数あります。馬を飼っていた人々が葬られた場合があったのです。

　関東地方も、地下式土坑墓があった地域は終末期古墳時代の馬産地でした。地下式土坑墓は馬を飼っていた人々の葬制の一つだと考えることができます。形がしっかりしているものから、概念だけのものに変わったと考えるならば、南九州が原型で関東はそこからの移住者のものだと考えることができるでしょう。

　そして八戸市丹後平古墳群のものに関しては、前時代までは周辺のどこにも見られない、地下に土坑墓を作るという奇想天外な葬制であること、形態が似ているものが関東地方の地下式土坑墓造営地域にあることから、関東地方からやってきた馬飼の人の墓と見ることができます。

### （3）古墳文化中期以降に出現する群集墳

　ところで、いわゆる古墳は、地域の首長といった少数者のための前方後円墳と、その首長を支えた様々な技術者クラスとその家族墓だと推定できる群集墳との二つに分けられます。前方後円墳は3世紀前葉に始まり、関西地方では6世紀中葉、関東地方では7世紀初

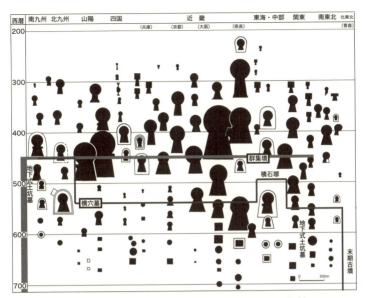

**図18　古墳時代の墓様式編年図**（石野編 1995 から作成）

頭ごろまで継続しました（図18）。ほぼ7世紀にあたる、古墳時代終末期には前方後円墳はなくなっていました。一方、群集墳は5世紀半ばにはすでに始まっており、8世紀初頭ごろまで盛んに造られ、地域によってはさらに後まで続きました（図18）。

　群集墳が出現する5世紀半ばには、様々な高等技術が伝えられました。馬の飼育、馬具などの金属加工の技術、製鉄、須恵器の製作などです。これらの技術は、当時にあっては世界最先端のものですから、特殊能力を持つ特別な存在として各地では高い位置を認められていたでしょう。それらの人々は、馬の生育の適地、砂鉄、粘土等の原材料そして燃料などの産地、また消費地等に照らした適材適所にいたのですが、その専門技術を持った人々の墓が群集墳という

ことになります。馬飼、製鉄、須恵器生産のどれもが各地では新来の技術でありましたから、技術者の墓もそれまでになかった形式のものとなったのでしょう。それが群集墳としてまとめられている各種形態の墓ということになります。

　例えば7世紀の日本列島各地には様々な形態の群集墳がありました。無袖横穴式石室を持つ円墳、凝灰岩や砂岩などの柔らかめの堆積岩からなる崖面を刳りぬく横穴墓、南九州の地下式横穴墓、中部山岳地帯に多い積石塚、そして様々な地域にある土坑墓などです。

### （4）末期古墳は終末期古墳時代の群集墳

　東北北部を中心に分布している末期古墳と呼ばれる墓は7世紀の終末期段階の古墳時代の文化のひとつです（松本 2012）。①出現時期が7世紀である、②形態や構造が似ている、③同一墓域に複数の塚が築造され続ける、④墓から社会の階層化が読み取れる、といった終末期古墳文化の群集墳としての特徴が備わっています。しかし従来、末期古墳はその前時代の続縄文文化の土坑墓をもとに変化したと考えられてきました（辻 1996、藤沢 2004、八木 2010 など）。

　本節の最初に、1人を葬るために必要とする面積が違いすぎるので、末期古墳は続縄文文化の土坑墓を造る人々の心情の延長上にはないと書きました。構造や容積、墓の築造に要する労力の面からも、古墳時代の文化に起源を持つと考えるべきであることを改めて説明しておきましょう。

　東北北部の墓は縄文時代以来、続縄文土器が使われていた時期に至るまで土坑墓です。北海道の人々の風習と同じです。図19に、末期古墳主体部（土坑）と続縄文文化土坑墓の長軸と短軸の長さを比較して示しました。土坑墓の長軸が1人の人間を葬るのに必要な

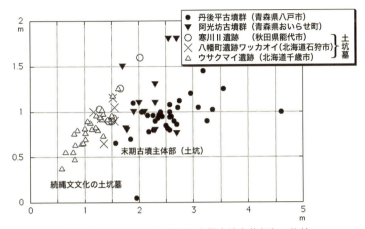

図19　続縄文文化の土坑墓と末期古墳主体部との比較
（各種報告書、横山・石崎 1975、ウサクマイ遺跡研究会 1975 にもとづいて作成）

規模だとすると、末期古墳主体部はその倍以上を必要としており、容積や築造にかける労力について、まったく発想が違います。寒川Ⅱ遺跡には２ｍのものがあります。これは幅も他の土坑墓の倍ほどありますから、これは屈葬ではなく、伸展葬、あるいは２体合葬だったのでしょうか。長軸が0.6～1.3 ｍほどのものは屈葬かもしれません。末期古墳の主体部は続縄文文化の土坑墓を基本とするとはいえないのです。

　なお、丹後平古墳群には末期古墳とともに土坑墓がいくつもあります。それらの土坑の形態は直方体です。そのような形の棺を納めたからでしょう。長軸も 1.7～2 ｍほどです。被葬者を棺内に仰向けに寝せたのでしょう。土坑墓といっても、こちらは木棺を納めるタイプで、終末期古墳文化の群集墳に見られるものです。

## （5）末期古墳群に見える階層化

　末期古墳は、墳墓の形態や構造には古墳文化の影響が見られますが、階層化は読み取れないので、古墳文化ではなく続縄文由来だという見方があります（藤沢 2004）。しかし、東北北部の末期古墳等の当時の葬制には階層化が見えます。規模、構造、副葬品の 3 つの要素から、それらが古墳文化に含まれることを説明します。

### a．規模

　末期古墳そのものの規模については本節の最初に述べ、大きなものの場合、続縄文文化の土坑墓 20 名分ほどの面積があることを示しました（図 16-1・2）。ここではそのことは繰り返さず、丹後平古墳群を構成する別の形態の墓との比較をしておきます。それは土坑墓です。29 基見つかったそうですが、細かく調査されたのは 19基でした（図 16）。長軸が 2 m前後、短軸が 0.8 mほどの規模で、整った直方体形に掘られているので、成人の木製の棺が納められた墓だったと推測されています。ただし、骨はどの土坑からも出土していませんし、副葬品の類があったのは 1 例だけでした。

　このような土坑墓はおいらせ町の阿光坊古墳群、山田町の房の沢4 遺跡でも見つかっています。古墳文化地域にあっても、終末期の群集墳には様々な形態の墓がありますし、前方後円墳があったころの古墳文化地域でも土坑墓、木棺直葬の土坑墓は、階層が低い人々の墓と見られています（都出編 1989）。

　このように、丹後平古墳群には円墳と質素な土坑墓があり、墓の規模やその構築にかかる労力に両者ではかなりの違いがあります。居住者の間に階層化が読み取れるのです。

### b．構造

　末期古墳は地表面から掘り込んだ土坑を玄室（被葬者を葬る場

所）とします。土を盛り上げたマウンド内あるいは、地表面上に玄
室を築くタイプの古墳とは異なります。ただし、終末期、実年代 7
世紀の群集墳には地表面から土坑を掘って玄室とするものがありま
す。図 20 として、その例の終末期古墳と八戸市丹後平古墳群 15 号
墳とを比較しました。北上市五条丸古墳群（図 20-3・江釣子村教
育委員会 1978）の古墳については同市猫谷地古墳群（江釣子村教
育委員会 1988）や東京都あきる野市瀬戸岡古墳群（東京都埋蔵文
化財センター 2001）と同様に、桐原健氏は積石塚に含めています
（桐原 1989）。瀬戸岡古墳群は無袖横穴式石室を持つ古墳に分類さ
れますが（土生田編 2010）、このタイプにも土坑を玄室とするもの
があります。松本市中山古墳群（図 20-2・松本市教育委員会
2003）、同市秋葉原古墳群（図 20-4）、同市安塚古墳群（直井
1994）がそうです。このように、中部高地などの東山道地域の山間
地には土坑を掘り玄室とした積石塚や無袖横穴式石室の古墳が分布
しており、東北北部の末期古墳との共通項を持っています。

　また、林正之氏は、末期古墳には常総中央部の竪穴系埋葬施設
や、関東西部の半地下式無袖式横穴石室の系譜を引くものなどがあ
ることを丁寧に示し、宮城県北部以北の末期古墳が東日本の古墳文
化地域のいくつかの系譜を持つ人々によって造営されたと指摘しま
した（林 2015）。東北北部の末期古墳を在地の続縄文系の墓由来だ
とするのではなく、古墳文化の系統だとの主張です。それらの墓を
持つどの地域も当時、馬が飼われていました。東北北部の馬飼の伝
統は東山道方面だけでなく、東海道域にもあった可能性が示されま
した。非常に重要な指摘です。

### c．副葬品・装身具の種類と被葬者

　末期古墳には副葬品や装身具があるものとそれが見つからないも

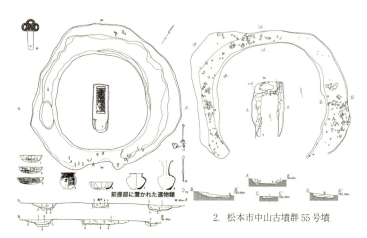

前提部に置かれた遺物類

2. 松本市中山古墳群 55 号墳

1. 八戸市丹後平古墳群 15 号墳

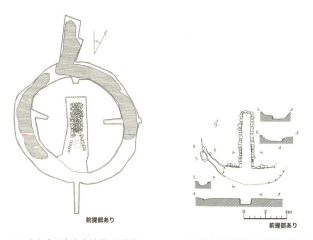

前提部あり

前提部あり

3. 北上市五条丸古墳群 66 号墳　　　　4. 松本市秋葉原古墳群 1 号墳

**図 20**　東北北部の末期古墳と同時代の中部高地の終末期古墳の比較
（各報告書より転載）

のがあります。53 基の古墳が調査された丹後平古墳群では、副葬
品や装身具が検出されたのはほぼ半数の 25 基です（表 8）。そし
て、副葬品や装身具の種類から、刀を持つ刀系と玉類を持つ玉系と
に二分できます（八戸市教育委員会 1991）。それは何を反映するの
でしょうか。

　玉系の墓（表 8 右側 21〜45 号）では玉類が頭から腰までの位置
にあり、装着された状態の装身具と考えられます。刀や鉄鏃といっ
た武器は副葬されません。一方、刀系（表 8 左側 15〜2 号）には武
器が伴いますが、15 号や 51 号からは玉類も出土しました。切子玉
と勾玉は着装を示す位置にありましたが、ガラス玉は足周辺に散在
しており、葬られたときに第三者に添えられたと見られます。管玉
は玉系の 4 つの墓からしか出土せず、しかも、1 人 1〜4 個だけで
す。この時期には入手が難しい貴重な玉だったのでしょう。それら
の墓は比較的近いところに配置され、16 号と 20 号が刀系の列の脇
に並び、21 号と 23 号は列から離れています（図 16-3）。

　葬られたのは、刀系が男性、玉系が女性だったのではないでしょ
うか。男性では、玉類の装身具を身に着けた人、女性では、管玉を
持つ人が稀有な装飾品を持つ人です。刀子は刀系・玉系どちらにも
あり、男女差を示しません。図 16 に示したように、刀系の墓が尾
根上のやや高い位置に一列に、その両脇に玉系あるいは副葬品のな
い墓が並びます。ある男性を中心として脇に配偶者を配列するよう
に見えます。また、女性の墓でも 21 号・23 号・24 号のように大型
でも列から離れた低いところに配置されるものがあり、そのなかに
管玉を含む多くの玉類を持つ墓（21 号・23 号）があります。別系
統の共同体から入った配偶者が死後も同系とされなかったことなど
を示すのかもしれません。様々な推定が可能でしょう。

表8　丹後平古墳群出土遺物一覧

| 出土遺物＼遺構名 | 刀系（大刀・刀・蕨手刀） | | | | | | | | | | | 玉系（管玉が最上位） | | | | | | | | | | | | | |
|---|---|---|---|---|---|---|---|---|---|---|---|---|---|---|---|---|---|---|---|---|---|---|---|---|---|
| | 15 | 44 | 10 | 5 | 7 | 8 | 22 | 33 | 51 | 3 | 2 | 21 | 16 | 20 | 23 | 6 | 24 | 32 | 30 | 1 | 28 | 52 | 18 | 13 | 45 |
| **刀・武器類** 環頭大刀柄頭 | (1) | | | | | | | | | | | (1) | | | | | | | | | | | | | 1 |
| 方頭大刀 | | 1 | | | | | | | | | | | | | | | | | | | | | | | |
| 直刀 | | | 1 1(1) | 1 1(1) | 1 | 1 | 1 | 1 1(1) | | | | | | 1 | 1 | 1 | | | | | | | 1 | | |
| 蕨手刀 | | | | | | | | | | | | | | | | | | | | | | | | | |
| 刀子 | 1 | | | | 1 | 1 | | | | | | | | | | | | | | | | | | | |
| 鉄鏃 | (1) 2 | | | (2) | | | | 10 | | | 2 | | | | | | | | | | | | | | |
| **馬具類** 轡 | (1) | | | | | | | (1) | | | | (1) | | | 1 | | | | | | | | | | |
| **玉類** 管玉 | | | | | | | | | | | | 4 | 2 | 2 | 1 | | | | | | | | | | |
| 切子玉 | 18 | | | | | | | | 6 | | | 18 | 20 | 18 | 12 | 1 | | | | | | | | | |
| 勾玉 | 7 | | | | | | | 1 23(1) | | | | 48 | 35(2) | 33 | 33 | 2 | 4 | 5 | 1 | 1 | | | | | |
| ガラス玉 | 122(1) | | | | | | | 303(1) | | 185 | | 284 | 191 | 368 | 207 | | 3 | | | | | 159 | 123 | 27 | |
| 土玉 | | | | | | | | 10 | | | | 4 | 10 | 1 | | | 39 | | | | | | | | |
| 棗玉 | | | | | | | | | | | | | 1 | | 1 | | | | | | | | | | |
| 丸玉 | | | | | | | | | | | | 2 | 1 | | 1 | | | | | | | | | | |
| 青銅空玉 | | | | | | | | | | | | 2 | 1 | | | | | | | | | | | | |
| **装飾品類** 釧 | | | | | | | | | | | | | | | | | | | (1) | | | | | | |
| 釧 | | | | | | | | | | | | 2 | 2 | 2 | 2 | | | | | | | | | | 2 |
| 環状鏡製品 | | | | | 1 | | | | | | | | | | 1 | | | | | | | | 1 | | |
| 金銅耳環 | | | | | | | | | | | 2 | | | | | | | | | | | | | | |
| **土器類** 土師器坏 | (3) | | | (2) | 1 | | | (1) | (1) | (1) | (1) | (1)(3) | | | | | | | (1) | (1) | (1) | | (1) | (1) | |
| 土師器高坏 | 1 | | | | | | | | | | | | (1) | | | | | | (1) | (2) | | | | | |
| 土師器甕 | | | | | | | | (2) | (1) | | | | | | | | (1) | | | | | | | | |
| 須恵器坏 | (1) | | | | | | | | | | | | | (1) | | | | | | | | | | | |
| 須恵器長頸壺 | (1) | | | | | | | | | | | | | | | | | | | (1) | | (1) | | | |
| 須恵器短頸壺 | (1) | | | | | | | | | | | (1) | | | (1) | | | | | (1) | | (1) | | | |
| 須恵器横瓶 | (1) | | | | | | | | | | | | | | | | | | (1) | | | | | | |
| 土製紡錘車 | | | | | | | | | | | | | | | | | (1) | | | | | | | | |
| 礫敷の主体部(m) | ○ | | ○ | ○ | | | | | | | | | | | | | | | | ○ | ○ | | ○ | | |
| 埋葬部長軸(m) | 3.3 | 2.3 | 3.6 | 3.1 | 2.8 | 3.3 | 2.2 | 2.6 | 3.4 | 2.4 | 2.6 | 2.3 | 2.2 | 2.5 | 2.6 | 2.7 | 2.0 | 2.0 | 2.4 | 2.4 | 2.1 | 2.6 | 2.4 | 1.9 | 2.3 |
| 時期 | II | III | III | II | II | II | II | II | III | III | III | I | II | II | II | II | II | II | II | II | II | II | II | II- | II- |

※（　）内は周溝などから出土した供献品と考えられる物の数。　I：7世紀後葉　II：8世紀前葉　III：8世紀中葉　II～III：II～IIIの時期の間　II-：8世紀前葉　III-：8世紀中葉

## （6）玉類の由来と被葬者の出自

　河村好光氏によれば、丹後平古墳群出土の勾玉（碧玉・瑪瑙・水晶）や水晶切子玉、碧玉管玉（図 21）は、材質・型式・片面穿孔技術からみて出雲産です（河村 2010）。そして、瑪瑙勾玉の割合が高い点および水晶切子玉が一定量存在する点は 7 世紀前半までの組成そのままだそうです。管玉が少ないのは生産末期の様子を示すといいます。ちなみに山陰地方の玉の生産は 7 世紀前半で終了しました（河村 2010、大賀 2010）。

　しかし古墳文化社会の玉類は単に「もの」として流通していたのではないようです。その社会の外である北海道にはその時期の玉の出土例はありません。同時期の恵庭市西島松 5 遺跡から、続縄文土器（北大 III 式）に伴って刀類が副葬された墓が多数検出されていますが、玉類は 1 点も出土していないのです。刀類と玉類とは存在する意味が違うのです。

　古墳出土の玉類の種類や数を見ると、当時の玉類は特定の人の持ち物だったことが読み取れます。人が玉を身につけるようになるのは、地位の継承、成人儀礼、婚姻などといった人生の画期となる通過儀礼時であり、例えば特定の系譜の女性には、婚姻前の儀礼で身につけるべき玉など、玉の種類によって異なる意味があったかもし

**図 21　丹後平古墳群出土玉類**（八戸市教育委員会 1991）

れません。丹後平古墳群出土の玉類もそれを示しているように見えます。管玉を持つ4人の装身具は古墳文化社会と同等なので、その習慣を反映していると見てよいでしょう。それらの女性が既婚者であったなら、玉類を身に着けた、あるいはその資格を持つことのできる女性がそこに来たことを示し、玉類の不在はその資格のある女性の不在、北海道での場合のように、古墳文化社会出身の女性の不在を示しているのではないでしょうか。ただし、玉類を持つ風習は玉の生産終了後、しだいに廃れました。古墳文化社会の動きと連動しています。この点が重要です。

　被葬者についてもう少し考えます。玉系墳墓の玄室の長さはすべて約2m以上の長さなので、被葬者は成人女性の可能性が高いでしょう。装飾品の種類で被葬者が既婚者か否かを読み取るのは簡単ではありませんが、例えば婚姻も含め通過儀礼のたびに違う種類の玉類を身に着けていったとすれば、多種の玉類を持つ者は既婚者であった可能性が高いでしょう。フランスの文化人類学者レヴィ＝ストロース（1967）によれば近親婚の禁忌が人類の特徴です。どの範囲の女性を婚姻の対象としないかは文化によって違いますが、男性中心に見れば親族の一定範囲内の女性は配偶者としないことになります。集落を構成する世帯が少なく居住者の年齢構成の幅が小さい場合、そして人口密度が希薄であればあるほど婚姻関係を持つ地理的範囲は広がります。丹後平古墳群の被葬者の婚姻対象地域は把握できていませんが、玉類を持つ者たちは古墳文化社会の出身と見るべきでしょう。

# 第4章　考古学から見たエミシの持ち物

## 第1節　誰もが作れる土器

### （1）土器で何を見るか

#### a．見えないものを見る

　縄文時代から平安時代に至るまで、人々の生活していた遺跡から最も多く見つかるのは土器です。それで考古学では土器を使って様々なことを考えます。例えば、土器が作られ使われた時期を特定し、時代の指標として使いますし、土器の製作者のことを考え、その人が属していた文化を考えるのにも使います。まずここでは、後者に絞って、どうやってそれを考えるのかお話しておきましょう。

　土器の製作者を考えるためには、土器が持つ諸属性のうち、どれが、どのように製作者と関係しているかを理解しておかねばなりません。また、製作者には個人的な面と社会的な面があることも忘れてはなりません。土器の諸属性には個人的・社会的の両面がありますから、それを的確に読み取る必要があるのです。

　その諸属性を読み取る際の基本となるのは、土器に「見える面」と「見えない面」があるということです。「見える面」とは土器そのものの外観や大きさです。画像や数値に置き換えることができます。また、土器の外観から自然面と文化面とを読み取ることができます。土器として見えているもののうち、「物質」の部分は素材や材料などと呼ぶこともでき、それが自然面です。土器の大きさ、器

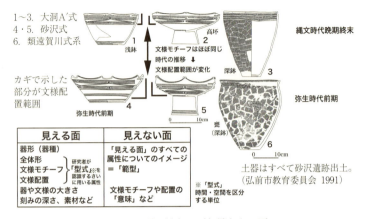

1〜3. 大洞A′式
4・5. 砂沢式
6. 類遠賀川式系

カギで示した
部分が文様配
置範囲

弥生時代前期

文様モチーフはほぼ同じ
時代の推移 ↓
文様配置範囲が変化

高坏

深鉢

縄文時代晩期終末

弥生時代前期

甕
（深鉢）

土器はすべて砂沢遺跡出土。
（弘前市教育委員会 1991）

| 見える面 | 見えない面 |
|---|---|
| 器形（器種）<br>全体形<br>文様モチーフ<br>文様配置<br>器や文様の大きさ<br>刻みの深さ、素材など | 「見える面」のすべての<br>属性についてのイメージ<br>＝「範型」<br><br>文様モチーフや配置の<br>「意味」など |

研究者が「型式」※を認識するさいに用いる属性

※「型式」
時間・空間を区分
する単位

図22　土器の見える面と見えない面

種としての形態、文様モチーフ、文様配置などは文化面です（図22）。なお、形態〜文様配置の3点は研究者が土器の「型式」を語るときに使う属性でもあります。そして、「見える面」としたすべての属性の元になるイメージは人間の頭のなかにあり、「見えない面」でもありますが、これを縄文文化研究者の小林達雄氏は、「範型」と呼び、「型式」が生まれる元だと説明します（小林 2002）。多くの人々が同じ「型式」の土器を作ることができるのは、人々がその共通したイメージである「範型」を頭のなかに持っているからだというのです。その「見えない面」が、製作された土器を通じて見えるようになるのです。「文化面」を考えることは、土器製作者の頭のなかの「見えない面」を知ることにつながります。

　さらに重要なのは、土器の製作者である人間自体に自然の面と文化の面があり、土器にはその両面が無意識的に埋め込まれているという点です。土器から製作者の「人間」としての面を読み取ることができるのです。人間の自然の面は土器の文化面や「見えない面」

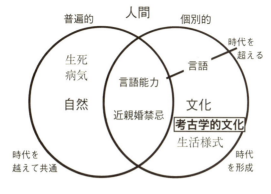

図23　文化の概念

を通じて現れます。以下に、その読み取り方を説明します。

### b．自然面と文化面から考える土器製作者

　レヴィ＝ストロースは、代表作『親族の基本構造』（レヴィ＝ストロース 2000）の最初に、論全体の前提として、人間に文化の面と自然の面があることを述べます。文化の面は個別的であり、時代や地域によって違います。例えば規則のように。一方、自然の面は時代や地域を越えて普遍的です。その両面を示す現象の一つが近親婚を嫌いそれについての規則を持つこと、「近親婚の禁忌」です（図23）。この禁忌は時代や地域を越えて普遍的にあり、それを禁止する規則も各地にあります（図23）。

　このように、人間社会一般では、女性か男性が家族の外に出て結婚します。婚姻では男性が動く場合もありますが、数のうえでは女性が動くことが多く、女性が家族や共同体から外に出て他の家族や共同体と婚姻関係を結ぶことをレヴィ＝ストロースは「女性の交換」と呼びました。

　婚姻＝女性の交換、生殖＝人間社会の存続、といった活動も自然

面と文化面の両面を持ちます。「女性の交換」「人間社会」の形態は多様で、その点は文化ですが、生殖が含まれる部分は自然であり、人間とともに存続することになります。

　以上に見たように、人間活動には自然と文化の両方を兼ね備えた、時間・空間を越えた普遍的なものがあります。それが生じやすいのは、婚姻のような、社会の存続と関係のある活動です。そして土器の分布はその関係を特徴的に示しているようなのです。

### c. 先史時代に普遍的に見られた土器文化圏

　図24に、同一土器型式の分布についての研究成果を2つ示しました。これらはとても多くの方々の研究によってできたのですが、相互の細かな差異には注目しません。ただ、複数の研究があることから、誰が見ても「ある特定型式の土器が一定の範囲に分布するという現象がある」といってよいことは明白で、それが重要です。

　例えば北海道南部と東北北部あたりを見てみると、縄文時代前期、中期、後期、晩期には、円筒下層式（前期）、円筒上層式（中期）、十腰内式（後期）、大洞式（晩期）と呼ばれる類似した土器が、そして他の地域にも一定の範囲内にそれぞれ同一型式の土器が分布していました。

　ただし、これらの土器の「型式」は現在の考古学者の認識であり、土器の区分の仕方が昔の人々と同じとは限りません。また、人間ですから、同一型式地域から逸脱して移動する人も必ずいます。それでも注目すべきは、類似した土器の広がりは、地域や時代によりあったりなかったりするという現象ではない点です。仮に、ある時代のある地域に土器製作センターがあり、そこから一定の範囲に土器が流通していたならば、それは単なる文化的現象であり、個別の現象です。縄文時代後期の注口土器や、晩期の高坏（台付浅鉢）

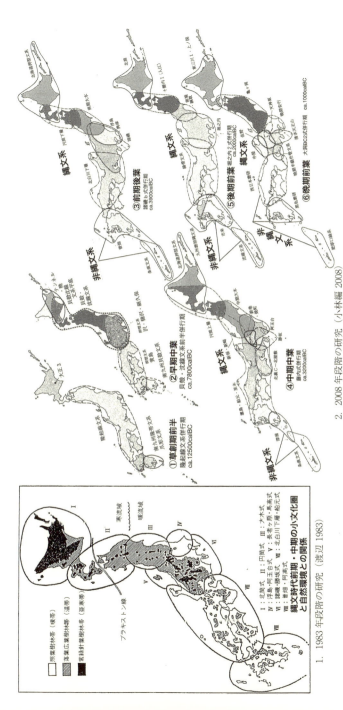

図24 縄文時代の土器文化圏

1. 1983年段階の研究（渡辺 1983）

2. 2008年段階の土器文化圏（小林編 2008）（土器様式圏）

は地域によってあったりなかったりなので、それは「文化的現象」です。ところが、煮沸用土器を基本に見た先史時代の土器文化圏は、時代や地域を越えて常にどこにでもある「普遍的現象」です。

　ところで、土器文化圏という用語について、単に土器の分布圏なのに「文化圏」と呼ぶのは不適切だという意見があります（佐原2002）。しかし「土器の分布圏」は、土器を含む文化一般の分布圏でもあります。煮沸用土器製作者と共に、その人が持つ文化要素もすべて移動して定着するからです。人々が移動するのは一般的には言語が通じる範囲内です。集落全体が移動する場合も同じです。その結果、全文化要素が移植されるのです。集落は、どこか別の地点から複数の人々が移動してきて出現し、再び別の地点に移動することによって廃棄され、埋もれ、遺跡となります。土器の分布は、土器製作者＝様々な文化を帯びた人間の分布でもあるがゆえに「文化圏」と呼ぶことが可能なのです。

　また、「型式」も考古学でよく使う用語なので、これも簡単に説明しておきます。縄文土器の「型式」研究の基礎を築いた山内清男氏は、それを「地方差、年代差を示す年代学的の単位」だと説明しました（山内1932）。図22の「見える面」とした属性である「全体の形」「文様モチーフ」「文様の配置」などの組み合わせを「型式」として認識することになるのです。「型式」は土器を時間的・空間的に規定する基本単位になるのですが、それがどこでも可能なのはなぜでしょう。それが「人間存在」と不可分だからです。土器製作者は「型式」の「範型」を頭のなかに持っており、それが形となった土器が、製作者が占める時間・空間の痕跡となるのです。

### d．土器は個人そして社会

　ここでお話しておきたいのは、土器には普遍的な自然の面と個別

的な文化の面があり、それが土器文化圏を生み出す背後にあるということです。文化圏は土器製作者が人間であるからこそ生まれたのです。どんな土器も誰かによって作られたものなので製作者に関わる痕跡が残ります。大型製品には2人で作るものもあるかもしれませんが、ここで対象にするのは1人で製作されたと考えられる、いつでもどこにでもあった調理用の煮沸用土器です。そして、考えるのは土器製作者のことです。舞台は、縄文時代、弥生時代、続縄文時代といった各地で自給自足的に土器が作られていた先史時代です。どこかで専業的に土器を作り、政治的にそれが配分され流通するような時期や社会のことではありません。

　図25に、縄文時代草創期から晩期までの約1万5千年ほどの間の土器の一般的な器種組成を示しました。すべての時代、どこにでもあったのは煮沸具である深鉢だけです。浅鉢は前期以降に登場したし、注口土器は後期になって利用されるようになったのですが、すべての地域にあったわけではなく、使われた場合でも数は限られていました。また、高坏（台付浅鉢）は、晩期の遅い時期に生まれたものであり、この時期、日本列島全域でも、北部九州域と東北北部域にしかありませんでした。東北北部では、日本海側に多く、太平洋側には少数でした。

　図25の土器実測図の注口土器以外は弘前市砂沢遺跡出土の縄文時代晩期終末期、大洞A'式です。注口土器だけはその時期のものが1点も出土しなかったので、直後の弥生時代前期の砂沢式を載せました（本書では、弥生ではなく続縄文文化のものと理解します）。そして大洞A'式の注口土器の有無でわかるように、縄文時代の土器で、すべての時代、地域、どの集落にでも必ずあったのは深鉢だけです。時代や地域によってあったりなかったりする器種では、製

114

| 時期<br>土器器種 | 草創期 | 早 期 | 前 期 | 中 期 | 後 期 | 晩 期 |
|---|---|---|---|---|---|---|
| 深鉢 | ◎ | ◎ | ◎ | ◎ | ◎ | ◎ |
| 浅鉢 | | | ○ | ○ | ○ | ○ |
| 注口土器 | | | | | ○ | ○ |
| 壺 | | | | | | ○ |
| 高坏<br>（台付浅鉢） | | | | | | ○ |

◎多数あり○あり

0　　　10km

**図 25　縄文土器　時期ごとの器種組成**
（土器は砂沢遺跡出土、弘前市教育委員会 1991）

作者がどこにでもいたことにはなりませんが、毎日の食事に用いられた調理具である深鉢がどこにでもあるということは、すべての地域に製作者がいたことを示しています。器種により土器の持つ社会的な意味は異なるのです。縄文時代の草創期から弥生時代、続縄文時代くらいまで、時期や地域を超えて常にあった煮沸用土器を使えば、日本列島全域、全時代を対象に、その製作者について考えることができるはずなのです。

　忘れていけないのは、土器には、製作した人間が持つ社会的な面と個人的な面が示されているという点です。それは言葉と似ています。言葉は、第1に、個人の発明ではなく社会的なものです。そして第2に、実際の発音や言い回しなど、個人的な特徴が加わります。土器の外観には、「共通項」として見える社会的な面と、個々の「差異」として見える個人的な面が残ります。土器の属性のうち、全体の形、文様モチーフ、文様構成は社会的な面であり、同一

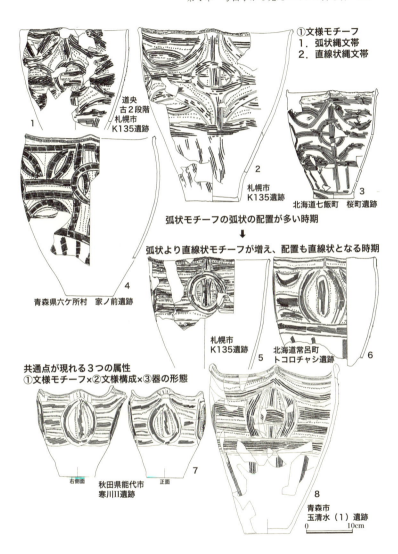

①文様モチーフ
1．弧状縄文帯
2．直線状縄文帯

1
道央
古2段階
札幌市
K135遺跡

2
札幌市
K135遺跡

3
北海道七飯町　桜町遺跡

4
青森県六ケ所村　家ノ前遺跡

弧状モチーフの弧状の配置が多い時期
↓
弧状より直線状モチーフが増え、配置も直線状となる時期

5
札幌市
K135遺跡

6
北海道常呂町
トコロチャシ遺跡

共通点が現れる3つの属性
①文様モチーフ×②文様構成×③器の形態

右側面

正面

7
秋田県能代市
寒川II遺跡

8
青森市
玉清水（1）遺跡
0　　　　　10cm

図26　土器に現れる共通点（各報告書より転載）

型式土器に「共通項」として見える部分です（図26）。器の厚さ・文様を刻む深さ・文様を施すのに用いる道具（専門用語では原体と呼びます）の大きさなどは、個人的な面が出る場合もあります。

　山内清男氏はアメリカ先住民の民族誌をもとにして、同一型式の土器の分布を言語や部族の分布だと考えました（山内 1969）。谷口康浩氏は縄文土器を「集団表象」だと捉えました（谷口 1986）。本書でも、個別の個人ではなく集団に属す個人としての人間を考えるのに土器を用います。

### e. 土器が変化する過程と変化にかかる時間：言語との類似

　図27に、東北北部および北海道の3世紀後半〜4世紀の土器である後北 $C_2$・D式土器のバリエーションを示しました。北海道中央部や北海道東部についての編年研究（鈴木 2003、熊木 2001）を基本に、東北北部の土器を当てはめたものです。この図で私たちが見ているのは、それらの土器を製作した人々の頭のなかにあったイメージの基本が少し変形したものです。例えば、「ひらがな」の基本的イメージは、個々人が持っているはずですが、それが書かれて世界に出てきたときには、ある程度変形しています。土器もそのような製品です。考古学資料となる個々の土器は、形態や文様（モチーフ×構成）にもとづき同時期のものだと私たち研究者が認めることができたとしても、出土状況がわからない限り、それらの土器が存続していた時間幅はわかりません。土器の文様などの細かな比較をしても、その違いが何を示すかは不明です。一方、どんな属性でも共通点の存在は、それらの土器製作者がなんらかの関係を持っていることを示しています。

　先史時代の土器の類似現象をわかりやすい例に置き換えれば、言葉に関する現象がそれにあたります。例えば、現在北海道にいる人

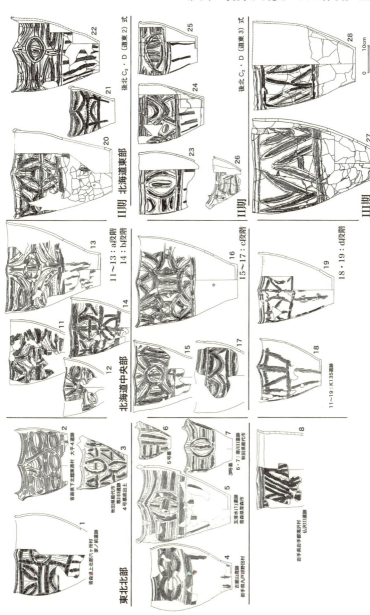

図27 北海道・東北北部の後北 $C_2$・D式土器（各報告書より転載）

118

も長野県にいる人も「日本語」を話しており、基本的な言葉はほぼ同じですが、アクセントや発音など細かなところは、時代レベル、地域レベル、個人レベルで違います。また、それぞれの方言もあり、単語の由来の違いを読み取ることもできます。しかも、たまたま対象としたそれぞれの日本語話者は、同一人物から日本語を学んだのではありませんし、直接会って言葉に影響を及ぼしあったわけでもありません。それでも同時代の「日本語」として第三者が認識するはずです。おそらく、いわゆる土器文化圏内の土器製作者どうしの関係は、言葉に関わる人々のこのような関係に近いでしょう。

　600 km 四方ほどに広く分布する後北 C$_2$・D 式土器が、図 26・図 27 に示すように似ていて、ほぼ同じように変化していくのはなぜでしょう。弧状、直線、それらの組み合わせといった文様モチーフと器の形態、この 2 点が類似点です。II 期の文様は弧状モチーフの組み合わせであり、その組み合わせ方にはいくつかパターンがありますが、道東から東北北部まで共通しています。また、II 期から III 期への変化は使われるモチーフが弧状から直線へという方向であり、どの地域でも同じように進行しています。このような類似はどのような過程を経て成立するのでしょう。

　注意すべきは、文様モチーフや器形の、①共通性とその組み合わせの類似、②ただし非同一、この 2 点です。①は後北 C$_2$・D 式の分布する範囲で文様モチーフや器形のデザインが共有されていることを、②はまったくに同じ内容が強要されているわけではないことを示しています。どこかにいる専業の製作者による製品がこの範囲内に流通するのではなく、複数の製作者が移動し、交流すると考えられます。同型式が広がる全域で III 期の文様等に変化することは、どこかで始まった新しい特徴が、土器製作者の日常的な交流の

結果、広範な範囲全域に広まることを示しています。

このような交流が起こる日常的な関係は、おそらく婚姻です。その婚姻を促す要因となるのが、個人としての人間および集団の存続欲求です。婚姻による個人の移動が社会を結びつける蝶番となるのです。ただし、その社会の範囲は時代や文化によって異なります。

## （2）縄文時代晩期以降の土器と社会の変化

### a．東北北部に弥生文化はあったか？

先史時代のように文字記録がない場合、発掘調査時の層位等の新旧関係を基本に、そこから出土した土器やその器種の組み合わせを使って時代区分をします。ただ、これには注意が必要です。そのような時代区分は必ずしも言語による文化区分と同じにはなりません。本書第1・2章で述べましたが、文献上のエミシはアイヌ語を話す人々でした。考古学でエミシを考えるにしても、最も重視すべきは物質文化ではなく言語です。

しかし、縄文文化や弥生文化といったいわゆる「考古学的文化」は言語を基本にしてはいません。図25最上段に示した大洞 A' 式は縄文文化最後の土器、その下に示した砂沢式は弥生時代前期最初の弥生文化の土器だと理解されていますが、1987年に砂沢遺跡で砂沢式土器が水田に伴うことがわかる以前、それは大洞 A' 式の最新段階、あるいは地方型とされていました。

図28には大洞 A' 式とそれに続く砂沢式土器の基本的な器種を示しましたが、後者の時期に新たに加わったのは大型の壺（12）だけです。他に深鉢（10）も弥生文化の甕の影響を受けました。しかし他の器種は、文様モチーフは同じであり、大洞 A' 式を基本として外部からの影響を受けずに変化しました。大部分の新しい時期の土

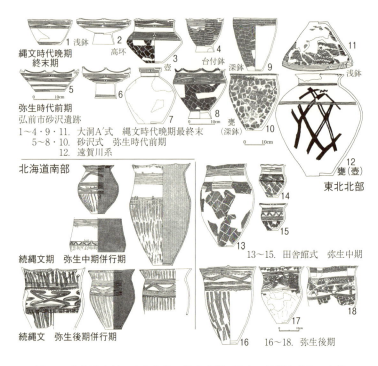

図28　北海道南部・東北北部の縄文晩期〜弥生・続縄文時代の土器
（各報告書より転載）

器製作者は前の時期の人々に学んでおり、言語が変わる可能性はあ
りません。土器組成の一部は確かに変化しましたが、生活様式の一
部が変化したにすぎません。

　そこで本書では、東北北部の縄文土器に続く土器を、最初に山内
清男氏が命名したときと同じように続縄文土器と呼びます（山内
1939）。現在の日本列島でも環境によって各地の生業形態は様々で
す。この時期の東北北部にも水田を作れる所もあれば、寒くてそれ
が困難な所もありました。このように生業には様々ありましたが、

人々の母語は「縄文時代から続く縄文語」でした。文化の連続性・根幹部分を反映するのは言葉であり生業ではありません。そして前節で述べたように、先史時代では、煮沸土器はその製作者である人間や社会を反映しています。それを基本に、「時代」の変化を示すならば、縄文土器に続く土器を作る時代は、弥生時代より続縄文時代と呼ぶのが適切です。縄文系の文化ですが、新しい段階の文化だということで続縄文文化と呼ぶのです。

### b．縄文語が継続していた時期

さきに図28で、北海道南部と東北北部の続縄文時代以降の煮沸用土器の変化も見ました。両者の形態や文様から、土器は互いに影響を及ぼしあいながら変化しており、縄文晩期と同様であることがわかります。両地域の土器製作者たちは相互に交流し続けていたのです。人々が前時代と同様に同じ言葉、縄文語を話していたことを示しているのでしょう。両地域間のその関係は、4世紀の後北 $C_2$・D 式（図27）を経て、5世紀前半の北大 I 式土器まで続きました。

図29・30には宮城県石巻市新金沼遺跡出土の土師器（古墳時代前期）、共伴した続縄文土器（後北 $C_2$・D 式）、同時代の東北北部、北海道南部の土器を掲載してあります。この時期の続縄文土器は煮沸具である深鉢と注口土器が主な器種です。一方、新金沼遺跡の土師器には、高坏、器台、壺、甑、台付甕、甕などがあります。続縄文土器と土師器は同時期のものですが、まったく影響を及ぼしあわず互いに無関係に変化しました。それぞれの製作者や複数の土器製作者どうしの交流がなかったことを示します。

ただし、100年すなわち3世代ほど隣接して暮らしたような場合には、隣接した地域の土器の両方の特徴を持つ土器が誕生することがあります。北海道東部のトビニタイ文化の土器（大西 2007）、北

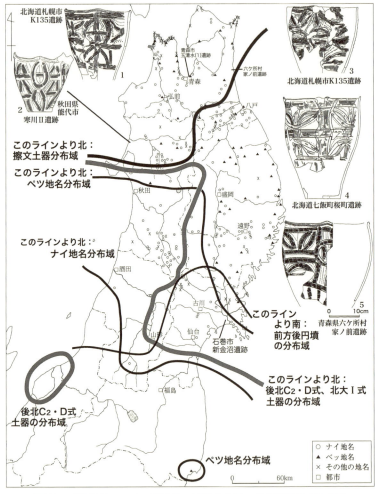

図29　東北北部のアイヌ語地名・続縄文土器・前方後円墳の分布域
（今泉 1992 に加筆・土器実測図は各報告書より転載）

北海道七飯町
桜町遺跡
1

青森県青森市
玉清水(1)遺跡
2

3〜10.
宮城県石巻市
新金沼遺跡

3. 新金沼遺跡
第15居住跡で10に共伴
3

4

5

6

7

8

9

10

0　　　10cm

1〜3. 後北C₂・D式
4〜10. 古墳時代前期土師器

図30　北海道南部・東北北部の続縄文土器

海道の9世紀後葉の擦文土器がその例です。異文化どうしで交流が
進み、両文化の特徴を併せ持つ土器が誕生しました。

　でも、この場合でもおそらく第3の言語は生まれませんでした。
図29にはアイヌ語地名の分布域も示してあるのですが、そこには、
日本語、アイヌ語の他の第3の言語の地名はないのです。北海道に
より近い東北北部にアイヌ語地名が偏って分布するのは、そこにア
イヌ語古語を話す人々が住んでおり、東北南部に日本語を話す人々
が住んでいたことを反映しています（松本 2013）。

　c．古墳文化に伴う土師器の出現

　東北北部と北海道で同じ型式の土器が使われていたのは5世紀前
半までです。その後、100年以上、3世代以上にわたり、東北北部

では、土器片すらほとんど出土しな時期が続きます。そして、7世紀に入ると、東北北部は突然土師器を使う社会となります。

5世紀後葉〜6世紀初頭の八戸市田向冷水遺跡から土師器を伴う集落が見つかっています。しかし、田向冷水遺跡の土師器は在地の続縄文土器が変化したものではありません。7世紀の土師器も当地域の前時代の土師器から生まれたものではありません。それぞれそのつど別の地域から入ってきたものです。7世紀に入ると東北北部各地に、終末期古墳文化の生活様式とともに土師器の坏、高坏、長胴甕、甑、壺を使う集落が出現しました。それまで利用されていなかった土地に突然集落が営まれ、東北北部では、同時代の北海道で使う続縄文土器ではなく、土師器が使われるようになりました。

多くの研究者が、5世紀後半の田向冷水遺跡の集落については移住者のものだと考えています。しかし、7世紀以降の東北北部の集落については、「外部からの文化的衝撃による生活様式の大きな変革を示しているが、在地住民が主体者であった」と考えています（八木 2011）。しかし、7世紀以前に「在地住民」がそこに暮らしていた痕跡は見つかっていません。また土器だけでなく、全文化要素が新来のものになり、そこでその生活様式を継続するには、他集団と婚姻関係を持つことが必要です。出土遺物からわかることは、その相手は同時代の古墳文化社会の人々だったということです。

北海道でも8世紀前半には本州からの移住者が土師器的な土器を作り始めました。しかし時間とともに土師器色は薄まり、9世紀後半には刻文の擦文土器が誕生しました。それに対し、いったん土師器を使用する文化となった東北北部はさらに日本化し、9世紀にはロクロ土師器も登場しました。北海道の人々の婚姻相手は、最初は本州からの入植者も含まれましたが、しだいにその比率は減り、北

海道の人々だけになりました。その結果、土器も土師器色が減り、北海道独自のものが誕生したのです。

## 第2節　専門家が作る土器

### （1）ロクロ土師器

#### ａ．ロクロ土師器とその製作者

　東北北部でロクロを使って土師器が作られるようになるのは9世紀です。当時の東北北部西側の集落ではロクロ土師器が使われていました。青森市野木遺跡からロクロの一部と考えられる木製品が見つかっています。調査担当者の中嶋友文氏による推定復元図（中嶋2000）と、五所川原市隠川（4）遺跡4号住居跡のロクロピットを参考に、手回しロクロとして推定してみたのが図31-3です。ロクロピットが多数検出された隠川（4）遺跡の例を参考にすると（図

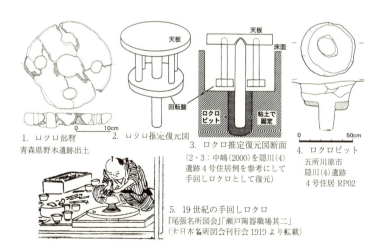

1.　ロクロ部材
青森県野木遺跡出土

2.　ロクロ推定復元図

3.　ロクロ推定復元図断面
（2・3：中嶋（2000）を隠川（4）
遺跡4号住居例を参考にして
手回しロクロとして復元）

4.　ロクロピット
五所川原市
隠川（4）遺跡
4号住居 RP02

5.　19世紀の手回しロクロ
『尾張名所図会』「瀬戸陶器職場其二」
（大日本名所図会刊行会 1919 より転載）

図31　出土ロクロ部材とロクロの推定復元図

31-4)、住居床面から、直径約50cm、深さ約25cmの円柱状の穴、その中央にさらに25cmの深さの穴を掘り、支柱を据えていたようです。円柱状の穴にロクロ本体を埋め込んで、天板を床面上に出し、そのうえで土器を成形したのでしょう。江戸時代の終わりごろ、19世紀前葉に描かれた『尾張名所図会』の「瀬戸陶器職場其二」（大日本名所図会刊行会 1919）に示された手回しロクロを使う職人の絵が参考になります。床に胡座をかいて使ったのではないでしょうか（図31-5）。18世紀前葉に描かれた『和漢三才図会』中の陶工も、同じような体勢で手回しロクロを使っています（島田ほか訳注 1985）。野木遺跡ではロクロ土師器が作られていたのですが、製作者は珍しい道具を使う者として認識されていたのでしょう。

　9世紀のロクロ土師器の器種は、坏、長胴甕、小型甕が基本でした。その世紀の中葉には、須恵器と同じ叩き技法を用いて底を球状に成形した北陸型の長胴甕が加わり、さらに後葉には土鍋も使われるようになりました。土鍋も北陸から出羽地域に多い器です。

　7～8世紀に東北北部の東側に造られた集落ではロクロ土師器はまだ使われていませんでした。それに対して、9世紀の東北北部西側の人々はロクロ土師器だけを使っていました。それはロクロを使って作られるのですから、誰でも作れる製品ではありません。もともとロクロ土師器を使っていた古代日本国域から人々は移住してきたのです。すべての土器が突然、ロクロ製品ばかりになってしまったのですから、東北北部の東側にそれまで住んでいた人々が9世紀になって西側に移住したわけではないでしょう。

　ロクロ土師器は北陸では8世紀前半には作られており、須恵器と同じ叩き技法の丸底の長胴甕や土鍋などもありました。そして東北地方の南部でも8世紀の後葉にはロクロ土師器が作られるようにな

りました。東北北部のロクロ土師器長胴甕には、丸底の北陸系のものも、東北地方の南部や関東地方に多い平底のものもあります。ロクロ土師器の生産者には、いくつもの系統がありました。

b. 広く普及しないロクロ土師器製作技術

ロクロ土師器を焼いた土坑は、東北北部の東西両地域からみつかっています。しかしロクロ土師器は北海道からはほとんど出土しません。焼成土坑やロクロを据えた痕跡なども見つかっていませんから、北海道では作られていなかったのでしょう。ロクロを用いて土器を作ることは、単なる「技術革新」ではありませんでした。ロクロは、同一規格の製品を短時間で多量に作る必要のない社会では不要な技術なのです。北海道には広がりませんでしたし、東北北部でも10世紀前葉に入ると、毎日使う煮沸具はロクロを用いない製品が取って代わりました。どこでも自ら簡単に土器を作ろうとする人々には、ロクロは不要だったのです。

東北北部で長胴甕が非ロクロ製に戻っても、坏は10世紀前半まではロクロ製品でした。そして10世紀後半以降には木製品や漆器になりました。ただし、東北各地の役所などの公的機関や寺院では細々と使われ続けました。東北北部でも11世紀後半の八戸市林ノ前遺跡からロクロ土師器の小皿が数枚見つかっています（青森県教育委員会　2006）。12世紀には岩手県平泉とその関連箇所で、12世紀末以降には鎌倉とその関連箇所で、平安京のてづくねかわらけに形を似せた「ロクロかわらけ」が使われました。これは平安京にはなかったので、在地のロクロ土師器の系統上にあると見ることは可能でしょう。

ロクロの技術は、東北北部に登場した後、土器製作者一般に広がったわけではありません。ロクロを持てる限られた人の技術でし

た。ロクロを使わぬ土器作りをする人々には不要でした。東北北部
におけるロクロ土師器の製作は、その技術を持つ人々が古代日本国
の外に出て、東北北部で新たな集落造営に関わっていたことを示し
ます。9世紀に東北北部の西側に造営された大規模集落は、「アイ
ヌ語地名を命名した在来の民」のものではありません。それを、ロ
クロ土師器は伝えてくれます。


## （2）須恵器
### a．須恵器の特徴

　ロクロを使う製品のなかには須恵器もありました。須恵器は、窯
を使い高温で焼き、最後に還元状態にして器表面が青灰色系となっ
た焼物です。窯を使う技術は、9世紀後半になって初めて東北北部
に現れました。須恵器は、陶器のようにガラス質となる釉薬は掛け
られていませんが、焼締陶器に似て水も漏らしません。縄文土器、
弥生土器、土師器に水を入れるとじわじわと染み出てくるのとは対
照的です。それは、土器の原料のなかに多く含まれている斜長石と
いう白い鉱物が溶けてしまうほどの高温、1150℃以上で焼かれるた
めです。粘土鉱物がムライトという別の結晶となったり、ガラスが
生成したりして、原料中の鉱物と鉱物との間の隙間がなくなり水分
が漏れなくなります。粘土鉱物は結晶のなかに水を貯めこむ特徴が
あるのですが、だいたい980℃以上で別の鉱物となるため、もう水
を貯める隙間がなくなってしまうのです。そのかわり組織に柔軟性
がないので煮炊きには向かなくなるのですが、水甕、酒甕、漬物
甕、染物用甕など、水分を逃がしたくない条件での利用に最適で
す。ただし、平安時代の須恵器には、900℃にも到達しない温度で
焼成する製品もあります。この場合には、粘土鉱物がムライト等の

別の結晶となるには至っていませんので水が漏れます。

　東北北部では、7〜8 世紀に多くの集落が造営された東側ではなく、9 世紀に入ってから集落が急増した西側の地域、そのなかの津軽地方、現在の五所川原市東部の丘陵地帯が須恵器の唯一の生産地となりました。9 世紀後葉〜10 世紀後葉までの 32 の窯跡が知られています（五所川原市教育委員会 2003）。

　窯は須恵器を生産する集落の背後にある丘陵上、前田野目川に沿って見つかっています。初期には丘陵の入り口あたりに築かれていましたが、時を経るとともに、さらに上流に移動しました。丘陵に生えていた樹木を燃料に使い、生産が進むうちに燃料を求めて、徐々に丘陵の奥へ奥へと登ったのでしょう。窯の立地条件が燃料第一であることは、現在の窯業でも同じです（加藤 1997）。

　須恵器の原料は、集落のある台地を構成する堆積層中にある白色系の粘土層です。この台地には溜池がありますが、ちょうど池の底を構成しているのがその粘土層です。

### b．須恵器の生産者

　須恵器の生産にはロクロで成形し、特定の構造の窯を用いて 1150℃ 以上の高温を長時間維持し、酸素を遮断し還元させる技術、それに耐える粘土の調達に関する知識など、非常に高い専門性が要求されます。誰もがどこででも簡単に生産者になれたわけではありません。専門家のもとでの技術の修得が必要です。また、図 32 に示すような各器種の形態は、同時代の日本文化域の須恵器の範疇に入ります。技術も製品についての知識も、いきなり、独自に発明できるものではありません。どこか別の地域から工人たちが来て生産が始まったと見るべきでしょう。

　東北地方やその近隣の須恵器窯で、五所川原窯が出現する直前の

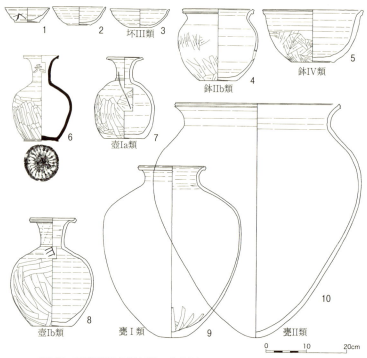

**図 32　五所川原産須恵器の代表例**（五所川原市教育委員会 2003）
6 は野木遺跡 473 住居。十和田 a 火山灰降下前に土中に堆積。初期の長頸壺の
底裏面には「菊花」のような調整痕が残る。

9 世紀中葉に操業されていたものには、新潟県佐渡市小泊窯、福島
県会津若松市大戸窯、同県喜多方市小田高原窯、山形県山海窯、宮
城県石巻市関ノ入窯、岩手県瀬谷子窯などがあります。しかしいま
のところ、五所川原産須恵器製作者の出身地がどこであるか、把握
されてはいません。

　五所川原産須恵器は、長頸壺の頸部にリング状の凸帯がめぐるの
が特徴ですが、これは大戸窯や小田高原窯、宮城県関ノ入窯などで

9 世紀初頭には始まっていました。9 世紀後半の、山形県山海窯、岩手県瀬谷子窯にも見えます。五所川原の長頸壺にはもう一つ特徴があります。底部裏面の調整が菊花様に見えるのですが、一般に「菊花文」と呼ばれています（図 32-6）。秋田県能代市十二林窯、岩手県瀬谷子窯の製品にもあります（利部 2008）。みな 9 世紀後半に操業が始まっています。しかもこれら 2 窯の製品は坏のロクロ切り離し技法が糸切りであり、五所川原と共通です。それぞれがもともとどこの技術を受け継いだのかは不明ですが、共通の源を持つ可能性があるでしょう。

　なお、五所川原では菊花様の底部調整後高台が貼り付けられた長頸壺は 1 世代くらいで終わり、10 世紀前葉には底部全面を削って平坦にする長頸壺となります（図 32-7）。会津の大戸窯では 10 世紀後葉の最後の須恵器まで高台があります。五所川原の須恵器の創業者たちは、その生産を学んだ窯の須恵器の形態を熟知していたのですが、2 代目・3 代目になると本来の形を受け継ぐ必要を感じなくなったということでしょうか。

　五所川原では、9 世紀後葉にどこかから人々が移住してきて、彼らによって須恵器の製作が始まりました。坏や長頸壺を見ると、形態や成形技法が似ている製品が岩手県南部や秋田県北部で造られています。それらの須恵器はそれぞれの窯で独自に発明されたのではなく、どこかで技術を修得した者たちが、岩手、秋田、青森県域にほぼ同時に移り住んで、その生産を始めたのだと考えられます。

　ただこの場合、岩手県南部の瀬谷子窯は陸奥国内ですが、十二林窯と五所川原窯とは古代日本国の外だった点が重要です。瀬谷子には 200 を越す窯があり、9 世紀中葉のものもありました。東北北部の 2 窯よりも 1 世代くらい早く始まっていたのです。瀬谷子で確立

したばかりの技法を持った一部の工人たちが国外に移住した可能性もあるでしょう。

さらに一言付け加えます。本章の第4節でもう一度詳しく述べますが、五所川原産の須恵器には「神」「大」「有」などの文字が記刻まれた例がいくつもあります。土器に刻んである点を差し引いても、文字にはたどたどしい筆致のものもあり、必ずしも文字を書き慣れた者ばかりではないようですが、その文字の種類は古代日本国域でよく土器に記されるものであり、製作者がもともと文字使用社会の一員だったことを示しています。

### c．計画的な須恵器生産地の配置

五所川原窯の製品は9世紀後葉から10世紀中葉あるいは後葉まで生産され、津軽地方を中心として東北北部全域で使われました。10世紀中葉以降には北海道にも広がりました（鈴木琢 2004）。出土する器種の大部分は長頸壺と甕（図32）です。これは、壺や甕のなかに酒などの液体を入れ、それを運ぶ器として使用した結果、北海道からも須恵器が出土したという状況ではないでしょうか。五所川原で生産された須恵器は、津軽地方の集落での使用を本来の目的としており、北海道へは副次的に運ばれたのです。

北陸では奈良時代後半〜平安時代にかけて、数多くの窯が操業され、群ごとに窯での生産がおこなわれました。これを研究者は、一郡一窯体制と呼びます（宇野 1991）。東北北部は古代日本国の外とされていましたから、そこでの生産物等が国家によってコントロールされていたわけではありません。しかし、9世紀後葉に五所川原窯が営まれた後、東北北部域に他の窯場は造られませんでした。生産、流通についての見通しが計画的であるように見えます。

さきにも触れましたが、須恵器生産には高い専門性が必要です。

本来、古代日本国内の生産地にしか工人はいなかったでしょう。工人は公民でした。その人々が国外に移住するとなれば、公的な手続きをおこなうか、「逃亡」しかなかったでしょう。しかし、「国外」への移住を公的におこなうことなどあったでしょうか？　よほどのメリットがない限り、前者の場合は、須恵器生産者自らの意志ではなく、政治的高位の者による関係した誰かがいたから、ということになるのではないでしょうか。

### d．分配され流通するロクロ使用土器

　図33として、4世紀後半〜12世紀に東北北部で製作されていた土器の種類と器種の変遷を示しました。注目したいのは、専門性の高い技術と専門性の低い技術についてです。図の右に寄るほど専門性が高く、地域あたりの生産者の数は少なくなります。例えばロクロは特定の人しか持っておらず、ロクロ土師器や須恵器は専門家にしか作れませんでした。9世紀にロクロ土師器の使用が始まった時点で、東北北部の土器作りは地域ごと、いくつかの集落ごとくらいの単位となっていたのです。さらに9世紀後葉以降の須恵器の生産地となると、より狭く限定され、五所川原市前田野目川流域の1箇所だけとなり、製品は東北北部一円に流通する体制となりました。

　そして図33で注目したいのは、9世紀にロクロ土師器の生産が始まるとロクロを使わずに作る土師器（以下では非ロクロ土師器と呼びます）がなくなる点です。ロクロは誰もが持つ道具ではありません。その生産の開始は土器が流通し始めたことも示します。それまでの土師器生産者がロクロ土師器生産を始めたのではなく、ロクロを持つ人が新たに生産を始めると、それまでの土師器生産者は土器生産をやめました。9世紀後葉の須恵器の生産と流通も同じです。五所川原で造られた須恵器が東北北部各地に運ばれました。

| 器の種類 \ 世紀 | 専門性低い 有文土器 | | やや専門的 無文土器（非ロクロ 土師器） | 専門性の高い技術 無文土器（ロクロ 土師器） | 無文土器（ロクロ 須恵器） | その他の器（男性が生産）木器・鉄器 |
|---|---|---|---|---|---|---|
| | 続縄文土器 | 擦文土器 | 子供の世話も可能 | 長時間の拘束・危険な作業・子供の面倒は無理 | | |
| 4 | | | | ※ロクロ使用者は男性 | | |
| 5 | 深鉢・注口 | | 長胴甕・甑・坏・高坏（非内黒）・壺 | | | |
| 6 | | | | | | |
| 7 | | | | | | |
| 8 | | | 長胴甕・甑・坏（内黒）・高坏（内黒）・壺 | 坏（内黒）・（非内黒） | | |
| 9 | | 長胴甕 | | 坏 | 長頸壺・長頸壺・鉢・大甕・中甕 | |
| 10 | | | 赤焼坏・長胴甕・小甕・土鍋 | 坏 | 坏（高台付） | 木器椀 |
| 11 | | | | | （無高台） | ロクロ使用 |
| 12 | | | 女性が製作 てづくね かわらけ | かわらけ | | 内耳鉄鍋 |

図33　各種土器・木器・鉄器等の器種・組成の変遷　4～12世紀

　ただし、10世紀に入ると、ロクロ土師器の長胴甕は作られなくなり、ロクロを使わない製品が各地で作られるようになりました。津軽地方から米代川流域では擦文土器の長胴甕も見られました。

　e．ロクロを用いたのは男性

　図33に見た東北北部での土器利用の変遷は、次のように4期に

分けられます。第1期（5世紀前半以前）：続縄文土器使用期、第2期（7～8世紀）：非ロクロ土師器使用期、第3期（9～10世紀）：ロクロ土師器、須恵器使用期、第4期（11世紀）：非ロクロ土師器や擦文土器の長胴甕使用期。それぞれの時期の土器製作者について述べておきましょう。

　第1期は続縄文土器使用期の文化です。人々はアイヌ語系の言語を話し、この時期までは、それ以前からの北海道との関係が続いていました。第2期には終末期古墳文化～律令国家期の古代日本国から移住者がやってきて土師器が生産されるようになりました。第3期には、律令国家期～王朝国家期となる古代日本国からロクロを使える人々が移住してきました。土師器にも須恵器にも焼成前に器面に文字（漢字）が刻まれることがありました。製作者に文字を知る者がいたのです。煮沸具には、非ロクロ土師器、擦文土器が使われました。そしてロクロを使う土器製作者は10世紀後葉を最後にいなくなりました。第4期には、非ロクロ土師器長胴甕や擦文土器長胴甕が作られましたが、徐々に鉄鍋に置き換わりました。

　ところで前近代社会では、家族の誰かが子どもの面倒を見なければいけない場合、子どもの世話をしながらできる内容か否かで、男女の仕事が分けられていました（松本 2006）。危険な仕事や長時間専念しなければいけない特殊技術を要する仕事は、子どもの世話とは両立しません。

　土師器でも須恵器でもロクロを使って土器を製作する場合、一日の一定の間を土器製作に専念することになり、子どもの面倒を見ながらおこなえる仕事ではありません。9世紀初頭の『皇大神宮儀式帳』によれば、「陶器」（須恵器）製作者は男性でした。また、ロクロ土師器や須恵器に文字（漢字）が刻まれる場合があったのです

が、当時、漢字を用いたのは男性でした。

　一方、8世紀の『正倉院文書』「浄清所解」に記された土師器製作者も、12世紀の『梁塵秘抄』で歌われた今様のなかのかわらけの作者も女性です。どちらもロクロを使わずに作られる土器です。

　ロクロを使う土器製作は男性の仕事、ロクロを用いない土器製作は女性の仕事でした。北海道でロクロ使用の土器作りが広がらなかったのはこの点に関係があったのでしょう。そこでは土器作りは女性の仕事であり、男性が取って代わる余地はありませんでした。また、女性は土器作りにロクロを使う必要もありませんでした。ただし、東北北部でも10世紀に入ると、ロクロ土師器で作られていた器が鉄製や木製に替わり始め、ロクロで土器を作らねばならぬ理由が徐々になくなりました。そしてロクロ土師器の製作者がいなくなったのです。特に煮沸具である長胴甕は多くの地域では10世紀まで続きませんでした。10世紀に入ると、それだけは非ロクロ製品となりました。おそらくそれを調理に使う女性がそれぞれに自分で作るようになったのでしょう。

　ただしそれも11世紀までのことでした。12世紀には、土器の生産は、特別な場所以外ではおこなわれなくなっていたのでした。

## 第3節　蕨手刀はエミシの武器か

### （1）蕨手刀と黒作大刀はどちらが武器として有利か？

　一般的には、『続日本紀』に書かれているように、8世紀後葉にエミシ軍と日本国軍との間で大規模な戦争が長く続いたと信じられています。その戦争で使われたエミシの武器として蕨手刀（図34-1〜3）があったといわれています（津野 2008 など）。しかし、

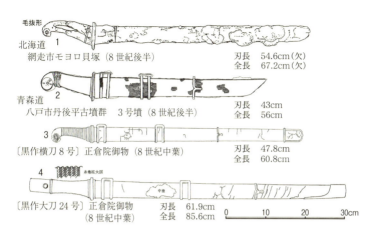

毛抜形
北海道　1
　網走市モヨロ貝塚（8世紀後半）　　　　　刃長　54.6cm（欠）
　　　　　　　　　　　　　　　　　　　　　全長　67.2cm（欠）

青森道　2
　八戸市丹後平古墳群　3号墳（8世紀後半）　刃長　43cm
　　　　　　　　　　　　　　　　　　　　　全長　56cm

　3
〔黒作横刀8号〕正倉院御物（8世紀中葉）　刃長　47.8cm
　　　　　　　　　　　　　　　　　　　　　全長　60.8cm

　4
〔黒作大刀24号〕正倉院御物　刃長　61.9cm
　　　　（8世紀中葉）　全長　85.6cm

図34　蕨手刀と黒作大刀　形態の比較

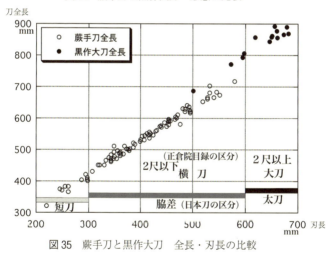

図35　蕨手刀と黒作大刀　全長・刃長の比較

　蕨手刀はエミシが武器とするために持っていたものではありませ
ん。私的交易の見返りに日本国側の人からもらったものです。蕨手
刀は、日本国で生産された刀であり、本来それは、一般の兵士の武
器ではなく、朝廷や京を守る衛府の刀として造られたものでした。

　石井昌国氏が『蕨手刀』（雄山閣 1966 年刊）で鉄の成分、硬度、焼入などを示して述べたように、蕨手刀を武器として使うことは可能です。しかし、古代日本国軍との戦で蕨手刀を使うならば、その使用者は、圧倒的に不利だったでしょう。兵士の武器であった大刀よりも、蕨手刀は刃が 10 cm 以上短いものが普通なのです。

　正倉院御物の黒作大刀と蕨手刀の全長、刃長を比較したのが図 35 です。黒作大刀というのは天平宝字 8 年（764）の恵美押勝の乱でも使われた、天平宝字元年（757）納入の刀です。もともと 100 口あり、乱の際に 88 口が軍用に出され、残ったものです。刃長は、黒作大刀 50〜68 cm、各地出土の蕨手刀 22〜58 cm です。

　平安時代の表現では刃長 2 尺（約 60 cm）以上を大刀、それより短いものを横刀と書き、日本刀では、刃長が 2 尺以上を太刀、2〜1 尺（約 60〜30 cm）を脇差、1 尺（約 30 cm）以下を短刀と呼びます（鈴木卓 1994）。正倉院御物目録に大刀と記されたもののなかに、刃長が 2 尺に満たないものも数点ありますが、黒作大刀の多くは十分に太刀の部類に入る刃長です。一方、蕨手刀の刃は長いものでも 2 尺に届きません。平安時代であれば横刀、江戸時代ならば脇差です。短刀の部類に入る長さのものも多くあります。つまり、蕨手刀は同時代の日本国軍が用いていた黒作大刀より短く、これを使って同軍の兵士と戦ったならば不利だったことでしょう。

### （2）蕨手刀は大刀ではなく横刀

　天平宝字 8 年（764）の『東大寺献物帳』中の名称を踏襲した明治 41 年（1908）作成の正倉院御物目録には、図 34-3 の蕨手刀は「黒作横刀」と記されています。「蕨手刀」という名は現代の研究者による呼称です。正倉院の蕨手刀は横刀と認識されていたのです。

表9　養老律令に見られる刀類携帯に関する規定

| | 職種・位階など | 大刀 | 横刀 | 刀子 | その他 |
|---|---|---|---|---|---|
| 軍防令 | 兵士各1人 | 1口 | | 1枚 | 烏皮の靴<br>（かわぐつ） |
| 衣服令・礼服 | 衛府の督（かみ）<br>　　　　佐（すけ） | | 金銀装<br>金銀装 | | どちらも烏皮の履<br>（浅いくつ） |
| 衣服令・朝服 | 衛府の督（かみ）<br>　　　　佐（すけ）<br>　　　　尉（い）<br>　　　　志（し）<br>兵衛（つわもののとねり）<br>主師（しゅそち）<br>衛士（えじ） | | 金銀装<br>金銀装<br>烏装<br>烏装<br>烏装<br>烏装<br>横刀 | | 衛府の督から主師まで<br>皆烏皮の履<br>（浅いくつ）<br><br>草鞋（わらぐつ） |

※礼服：大祀、大嘗、元日に着用。朝服：官人、衛府の衛士以外が朝廷で着用。

　天平宝字元年（757）施行の養老律令軍防令に、兵士一人分の装備についての規定があります。刀剣類は大刀1口、刀子1枚だけで、横刀はありません。横刀は天皇の身辺警護、宮城の警護などを主な任務とする衛府の司たちの装備です。表9に養老律令で規定された衛府の装備のなかの刀類と履物を示しました。衣服令に記されているのは礼服と朝服についてですが、刀と履物とは位階によく対応しています。

　衛府を警護していた人々は職種・位階に関係なく、誰もが横刀を携帯しました。上位の者は金銀装、大部分は烏装（くろつくり）です。烏装はカラスのように黒い外装という意味で、正倉院の黒作大刀等を参考にすれば、金具とされた金属は鉄や黒銅、そして黒漆が塗られていました。正倉院御物の「黒作横刀」も鞘が黒漆塗りで、養老律令に照らせば烏装の横刀に相当します。そして、一般公民か

ら徴用された衛士はただの横刀を持っていました。烏装とどう違うのか不明です。衣服令によれば衛府の武官たちは横刀も靴も上下がある程度外観で分かるようになっています。ただの横刀は烏装に比べ、より簡素な外観だったのでしょう。

　最も注意しておきたいのは刀の長さです。兵士が持つ刀は大刀と刀子ですが、衛士の刀は大刀より刃が短い横刀でした。刃長が２尺を越す大刀と、それが２尺に満たない横刀は、刃長だけでなく使用目的も違っていたのです。各地から出土する黒作横刀、あるいは刀子としての蕨手刀は、その製作者にしてみれば、兵士の戦闘用に作ったものではなかったことがわかります。

　次に、別の観点からも、蕨手刀が日本国軍との戦に使用された刀ではなかったことを述べておきます。

## （3）蕨手刀と黒作大刀の柄の構造の比較

　刃物としての刀はとてもシンプルな構造です。実際に戦うときに重視されるのは、柄と刃です。なかでも柄は、握る者と刃を結ぶ部分であり、命をかけて戦う者はそこに命を託しているといってもよく、例えば日本刀でも握りやすくする工夫が施されています。さきにも記しましたが、正倉院御物の黒作大刀は、８世紀後葉の恵美押勝の乱で用いられた刀と同型です。そこで、蕨手刀と黒作大刀との柄の構造を比較して、戦ではどちらが有利かを考えてみましょう。

　正倉院御物目録に黒作横刀と記される刀が、現在、蕨手刀と呼ばれるのは、柄頭に付けられた菊花様の装飾と柄の形態が若い蕨の渦巻き状に巻いた形に似ているからです（図36-1・2）。柄に装飾が施される点がこの刀の特徴なのです。一方、同時代の兵士が用いた大刀は正倉院御物でいえば黒作大刀ですが、柄に華美な装飾はな

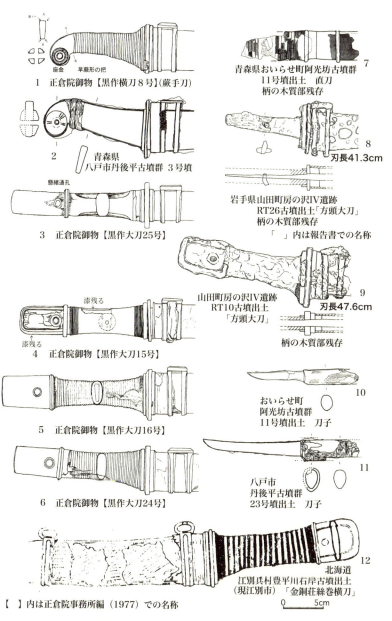

1 正倉院御物【黒作横刀8号】(蕨手刀)
座金　早蕨形の把

2 青森県
八戸市丹後平古墳群 3号墳

懸緒通孔

3 正倉院御物【黒作大刀25号】

漆残る
漆残る
4 正倉院御物【黒作大刀15号】

5 正倉院御物【黒作大刀16号】

6 正倉院御物【黒作大刀24号】

7 青森県おいらせ町阿光坊古墳群
11号墳出土　直刀
柄の木質部残存

8 刃長41.3cm
岩手県山田町房の沢Ⅳ遺跡
RT26古墳出土「方頭大刀」
柄の木質部残存
「　」内は報告書での名称

9 刃長47.6cm
山田町房の沢Ⅳ遺跡
RT10古墳出土
「方頭大刀」
柄の木質部残存

10 おいらせ町
阿光坊古墳群
11号墳出土　刀子

11 八戸市
丹後平古墳群
23号墳出土　刀子

12 北海道
江別具村豊平川右岸古墳出土
(現江別市)「金銅荘絲巻横刀」

0　　　　5cm

【　】内は正倉院事務所編（1977）での名称

図36　8世紀の各種刀類の柄の構造と形態

く、握る機能を重視した作りです（図36-3～6）。黒作大刀の柄は長時間の使用に向いています。なお日本刀にも、鉄製茎に直接植物の蔓や樹皮を巻いただけの、蕨手刀のような柄はありません。

　樹皮を巻いただけの柄でも刀として使うことはできます。しかし問われるべきは、使えるかではなく当時の人々がそれを戦闘用の武器と考えていたかです。戦闘用に作るのならば、少なくとも同時代の同類のものと同等の工夫をするのが普通でしょう。当時の東北北部で使われていた他の刀類や刀子は、木製の柄で茎を挟み厚くして握りやすくしてあります（図36-8～11）。いつの時代のどんな道具も、握って使うものは柄に握りやすい工夫が見られます。蕨手刀にはそれがありません。

　黒作大刀は兵士の刀、一方黒作横刀は宮中などを警護する武官たちの刀でした。柄頭の装飾がその使用の場を示します。蕨手刀の刃は短く、武器としては兵士用の大刀よりも能力の劣るものでした。


### （4）蕨手刀の分布が語ること

　蕨手刀は7世紀後半～9世紀の日本列島各地から出土しています。面白いことに、北海道を除けば、その分布はそれぞれの地域の東部に偏り、黒ボク土の分布と同じです（図37）。黒ボク土は土にイネ科植物の細かい炭が混じって生成し、火山灰土に広く見られます（細野・佐瀬 2015）。その炭は、草原を焼く「野焼き」によって生じたようです。そして火山灰は偏西風により火山の東に運ばれるので、黒ボク土は東側に偏るのです。

　ただし蕨手刀は、北海道では石狩低地帯とオホーツク海沿岸部に分布しています。そこに黒ボク土はありません。この地域の蕨手刀分布と他の地域のそれとの共通項は何でしょう。古代日本国の人々

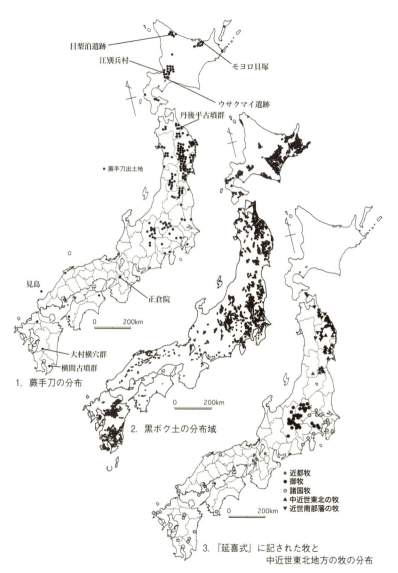

目梨泊遺跡

江別兵村

モヨロ貝塚

ウサクマイ遺跡

丹後平古墳群

・蕨手刀出土地

見島

正倉院

0　　200km

大村横穴群

横間古墳群

1. 蕨手刀の分布

0　　200km

2. 黒ボク土の分布域

0　　200km

■ 近都牧
● 御牧
○ 諸国牧
▲ 中近世東北の牧
▼ 近世南部藩の牧

3.『延喜式』に記された牧と
　　中近世東北地方の牧の分布

図 37　蕨手刀・黒ボク土・古代の牧の分布域（1：石井 1966、八木 1993、
　　　各報告書　2：山根・松井ほか 1978　3：安田 1959、入間田 1988・1990）

と交易していたという点です。黒ボク土地域では馬や牛が、オホーツク文化地域の場合には、アザラシの皮やオジロワシの羽など、そして石狩低地帯ではヒグマの皮などが、交易対象だったでしょう。

　実際に、蕨手刀の分布は古代の牧の分布域ともほぼ重なります。図37-3として、『延喜式』に見られる古代の牧の比定地を示しました。そのなかに記された地名をもとに、現在の地名や牧場に適した環境であるか否かを勘案して作りました。ただし、東北地方については『延喜式』に記録がないので、中世から近世までの情報によりました。本州島以南の蕨手刀は馬飼の人々が暮らした地域と重なって分布し、北海道の蕨手刀は道内各地やサハリン以北の北方地域で得られる品物や海獣の皮などを交易した人々の居住域と重なって分布することがわかります。

　交易に関する文献史料から考えれば、馬や北方の産物を交易する日本国側の人々は、国司などの国の役人や多くの民であり、私的なものでした。第3章で見た『類聚三代格』延暦6年（787）の法令に、国司らとエミシの馬や奴隷を対象とした私的交易の禁止令がありました。北方の人々に、交易の見返りとして贈られた品の一つが蕨手刀だったのです。


（5）蕨手刀の生産地とその使用目的
　ａ．東北北部での鉄生産と蕨手刀
　8～9世紀前半の東北北部や北海道には数多くの蕨手刀がありました。しかし当時、そこで製鉄はおこなわれていません。東北北部でも、鉄器を造るときに使う羽口やそのときに炉の底に溜まった鉄クズである椀型鉄滓がいくらか出土していますから、小鍛冶はおこなわれていたことがわかります。しかし、蕨手刀が造られた痕跡は

まったく見つかっていません。北海道では、小鍛冶の跡が見つかるのすら10世紀後半以降です。

また、菊花様の柄頭の懸通しの座金具、鉄製あるいは金銅製の精巧な金具、黒漆塗りの鞘など、どの部分を見ても蕨手刀の製作には洗練された高水準の技術が必要です。生産には複数種類の専門工人が関わります。8〜9世紀の東北北部や北海道でそれらを造ることは不可能です。蕨手刀は古代日本国産だったのです。

例えば、奈良・平安時代の陸奥国南部に相当する福島県太平洋側、現在の南相馬市域に、7世紀後半〜9世紀後半にかけて大規模な鉄生産地がありました。そこで鉄を作り、陸奥国の国衙あたりで蕨手刀を製造するということは十分可能だったでしょう。また、蕨手刀の各部品には様々な形態的特徴があり多様です（八木 2010）。日本国内のいくつかの地域で作られたのかもしれません。

### ｂ．蕨手刀が東北北部以北で出土する理由

北海道や東北北部の蕨手刀には、『続日本紀』にエミシ征討があったと記される8世紀後半のものが多くあります。それでエミシが戦ったのだと信じている方もいらっしゃるでしょう。しかし、本書第5章第2節で史料に沿って述べますが、エミシ征討とは、国司ら国の役人たちの私的交易による公金横領や兵士を使った私田の経営の類をカモフラージュするための作文です（松本 2011）。時期が一致するのは当然です。蕨手刀は日本国域で生産され、私的交易によって馬飼の人々や擦文人（北海道のエミシ）、オホーツク人（ツカル）らに与えられたものでした。

日本国軍との戦闘の記録がない北海道から蕨手刀が多数出土していることを考えるとわかりやすいでしょう。そこでは蕨手刀を国軍との戦いのために用意する必要がありません。『類聚三代格』延暦

21 年（802）の太政官符に「禁断私交易狄土物事」という禁止令が
あります。渡島の狄が来朝すると雑皮（様々な動物の毛皮）を国家
に貢ぐことになっているのですが、最初に良い皮を国の役人たちが
私的に買ってしまうことが常態化しており、それを禁止するという
のです。雑皮にはヒグマ、アシカ、オットセイ、トドなど、濃い茶
色、クリーム色、暗灰色などの単色の毛皮や、ゴマフアザラシ、ワ
モンアザラシ等の美しい斑模様の毛皮もありました。アザラシ類
（アイヌ語でトゥカル）はオホーツク海域にしか生息しないので、
オホーツク文化人（ツカル）が獲ったはずです。網走市モヨロ貝
塚、北見紋別町目梨泊遺跡などから出土したオホーツク文化期の蕨
手刀は、それらの皮との交易で入手したものでしょう。

　蕨手刀は北海道や東北北部の住民が造った刀ではありません。そ
れぞれの地域の特産品を対象とした私的交易によって、国の役人ら
と関わっていたことを示す資料なのです。


## （6）東北北部でもおこなわれた製鉄

### a. 国外に鉄製兵器や鉄生産技術を出すことの禁止

　以上に見てきたように、蕨手刀は 8～9 世紀の東北北部や北海道
の遺跡から多く見つかっていますが、その地域の人々が造ったもの
ではありません。古代日本軍との戦でエミシが使った刀でもありま
せん。正倉院御物や養老律令を参考にするならば、それらは宮中な
どを警護する衛士たちの持つ横刀に匹敵します。蕨手刀のなかには
さらに刀身が短い、刀子（表9）と呼ぶべきものもありますが（図
36）、それらは日本国域で作られたものでした。

　しかし 9 世紀後半には、東北北部の人々が自分たちで鉄生産をお
こなうようになっていました。誰が何の目的で製鉄をおこなったの

でしょう。それを本節の最後に述べておきます。

　9世紀中葉に編纂された『令集解』は8世紀中葉に施行された『養老律令』の注釈書ですが、その「関市令弓箭兵器条」に「凡そ弓箭兵器は、並に諸蕃と与に市場することを得じ。其れ東辺北辺は、鉄冶置くこと得じ」と書かれています。本書で参考にした国史大系本『令集解』に添えられた『集解逸文』弓箭条によれば、東辺北辺とは「陸奥・出羽棟の国」、「鉄冶」は「鉄を作る術」のことです。異民族と弓矢などの兵器を交易してはいけないし、陸奥・出羽あるいは国の境界地域での製鉄も禁じられていました。国の縁辺部やその外に住む異民族らにその兵器や技術を与えないためです（福田1995）。鉄の生産は当時、軍事的にも最先端技術でした。異民族であるエミシたちに鉄関連の生産技術や鉄素材が渡ることは防がねばならない、古代日本国はそう考えていたはずです。

　しかし実際は、律令施行以前の7世紀後半から、エミシ征討がおこなわれたという8世紀後半を経て9世紀後半に至るまで、福島県の太平洋側、当時の日本国東辺である陸奥国で大規模な製鉄がおこなわれていました。法令は守られておらず、古代からすでに権力側に都合よく使われるだけだったようです。

### ｂ．9世紀後半以降の東北北部西側での製鉄

　9世紀後半になると、日本国の外であった東北北部でも砂鉄を原料とした製鉄が始まりました。詳しいことは松本（2006・2011）に述べたので、ここでは重要な点だけを記しておきます。

　9世紀以降、東北北部の西側が新たに開拓され、大規模な集落がいくつも造営されました。それを支えたのは鉄製の道具、斧、鋤、鍬、鑿などでした。樹木を伐採し、杜や板で家々を建て、土地を開墾し、畑、水田を営みました。開拓には多くの鉄製品が必要でし

た。それで集落周辺で鉄が生産されたのです。

10世紀中葉〜11世紀には、津軽地方の日本海沿岸で多くの製鉄炉が営まれました。例えば青森県鰺ヶ沢町杢沢遺跡では10世紀中葉〜11世紀の製鉄炉が34基も検出されています。この遺跡のある鳴沢川周辺には他にもいくつも製鉄遺跡が見つかっています。またこの時期は、北海道各地でも、鉄製品を作ったり直したりする小鍛冶がおこなわれるようになっていました。製品ばかりでなく鉄素材も持ち込まれていたのです。

津軽地方の日本海沿岸部で鉄が生産されたことには、いくつかの理由がありました。第1に、岩木山麓に近く、大量の木炭を用意できました。第2に、海を介して、生産した鉄素材、鉄製品を各地に運搬できました。これについては化学分析も合わせた研究が必要ですが、原料とする砂鉄の輸入があったかもしれません。東北北部の砂鉄の埋蔵地を見ると、津軽地方にはほとんどなく、下北半島から上北地方にかけての太平洋沿岸部に集中します。大規模な鉄生産をおこなうには砂鉄も大量に必要です。海を介して、砂鉄をそこに運んだのではないかと推測するのです。

### c．鉄生産者の出自

9世紀後半に東北北部西側で始まった鉄の生産は、地面を1mほど掘り、粘土層に到達した部分に燃焼部を造る半地下式の竪型炉を使い、砂鉄を原料としておこなわれました。炉の構造を見て、伝聞をもとに東北北部の地で独自に発達したものではなく、別の地域から技術者が来なければできない、完成した技術でした。

10世紀後半と推定される青森県鰺ヶ沢町大館森山遺跡の場合、白色粘土層までしっかり掘り込んで炉が構築されています。この白色粘土層は土器生産にも利用できるよい粘土層です。製鉄炉は周辺

から入ってくる水分を遮断する必要があるのですが、加熱すると炉の周囲の土が焼き物のように固まる粘土層が適しています。また、古代製鉄技術の復元実験によると、砂鉄から金属鉄を分離するには1300℃以上の高温を維持しなければなりません（東京工業大学製鉄史研究会 1982）。送風のためのフイゴの設置にも、深い知識と特殊な技術が必要です。別の地で確立した知識を持つ人が来て、環境を把握して炉を構築し、操業したはずなのです。

　さきに律令の注釈書を示して述べたように、東北北部が古代日本国の敵の住む土地だったならば、そこに鉄生産の技術や知識を持つ者を出すことは禁じられていたはずです。しかし実際には、日本国外となる土地で鉄が生産されていました。ただ、東北北部における鉄生産は、武器生産を目的としたものではありませんでした。

　技術者はどこから来たのでしょう。9世紀前半に半地下式竪型炉を構築し、砂鉄を原料として鉄生産をおこなっていた地域は数多くあります。東北地方では太平洋沿岸福島県浜通の旧原町市域（現南相馬市）、北陸地方では日本海沿岸の新潟県中越の柏崎市域に大規模な鉄生産地がありました。そこの技術者のなかから何人かがやってきたとしてもおかしくはないでしょう。ただし、いまのところ確かな説はありません。

## 第4節　文字と硯

### （1）文字とは何か

　私たち現生人類は言葉を話す能力を持って生まれ、どの時代、どの地域でも、誰もが自然に言葉を話し、社会を支えています。しかし「文字」は、人間であれば誰もが使うというわけではなく、また

すべての社会が自然に生み出すものというわけではありません。人間であるために必要不可欠なものでもありません。人間の歴史では、文字がなかった時代のほうがよっぽど長いのです。

　日本列島上で意識的に文字記録が残されるようになるのは国家形成期です。文字を記すことは中国から学びました。したがって最初の文字は中国語、いわゆる漢字ですが、硯を用いて墨を摺り、筆で書いたのでしょう。筆は有機質であり残りづらいのですが、硯は石製や陶製なので残りやすく、それが出土すれば文字が書かれていたことがわかります。

　当時の日本国の政治的中心であった畿内で、7世紀初頭には陶硯の生産が始まっています。7世紀前半に建立された豊浦寺の瓦を焼いた隼上り瓦窯では7世紀初頭に陶硯が焼成されています（杉本1987）。7世紀前半には、福岡県、大分県、大阪府のいくつかの窯でも陶硯が焼かれていました。この時期には、西日本各地で、墨を摺り、筆で文字を書くという行為が定着していたのです。

　古代日本国内での中国語の読み書きはもっと早い時期からおこなわれていました。例えば『宋書』倭国伝の記録により、倭王武（雄略天皇）が5世紀後葉に中国皇帝に文書を送ったことがわかっています。あるいは、同じころの埼玉県行田市稲荷山古墳、熊本県和水町江田船山古墳等から出土した鉄剣にも文章が刻まれていましたが、これも中国語です。これらは刀を鍛えた工人、すなわち中国からの渡来人なのでしょう。

　このように、5世紀には日本列島上で中国由来の文字が書かれ始めていましたが、広く定着したのは古代日本国の形成期でした。各地に国の出先機関である政庁が置かれ、漢文で記録が残されました。日本列島上での文字の使用は、対中国を意識した古代日本国が

政治的な見地から必要としたことでした。そして、やまと言葉を中国語で置き換える工夫は、列島各地で古くからおこなわれていました。『万葉集』に残る各地の歌の万葉仮名がそれを物語ります。歌は時代や地域を越えて伝えられ、文字でも残そうとされました。

## （2）文字の3つの機能

　文字の機能は大きく分けて3つあります。①文章で人々に様々な内容を伝える、②一目で情報を伝える（①とは違い文章を用いず記号的に）、③数的記録を示す、です。①には様々な文献がありますし、②には刀に刻まれた製作者を示す名前や、土器などに一文字だけ記された「寺」「万」などの文字も入ります。③は、税の内容や数量などです。

　また、②は、必ずしも文字でなくても、「寺」や「万」の概念をシンボル化した絵、印、文様などでもよいですし、絵や文様は人間にとっておそらく普遍的です。旧石器時代の洞窟絵画を見れば、木炭や岩石などで人間が古くから絵を描いていたことがわかりますし、世界各地には刺青など様々な方法で身体に文様を描く習俗があります。縄文土器に施された文様、衣類の文様もその一つです。

　したがって、古代の土器に示された文字は、それが文章や統計的記録でなく、よく見られる種類の一文字だけである場合、ある言語体系のなかの「文字」として利用されたのか、何かのシンボルとして記されたのか、簡単には判断できないこともあります。例えば、非漢字言語圏の人々が、「禅」「善」などと染められた衣類を着ている場合、その人が禅と関連のある宗派に属しているとか、善き人であることを中国語あるいは日本語で主張しているなどというわけではありません。着ている人は何かを感じ、それを身に着けていると

しても、その文字とその個人的な主張とに普遍的な関連はなく、ただのデザインです。

　しかし、9世紀以降の東北北部では、硯が使われ、土器に文字が書かれるようになっていました。それ以前とは確実に違う社会になっていたのです。これは何を示すのでしょうか。

### （3）東北北部の墨書土器

　『青森県史資料編古代2出土文字資料』（青森県史編さん古代部会2008）には、2005年までに刊行された東北6県、北海道、新潟県の遺跡出土の文字資料が網羅されています。これを使い、東北北部での文字と人との関係を考えます。東北北部で文字が記された土器が増えるのは9世紀です。ロクロ土師器や須恵器といったロクロで作られた土器に墨書されています。「大」「十」「万」「田」「寺」等、漢字一文字を筆で記したものが大部分です（図38）。図38-14は「坏一口」と3文字が連続しますが、東北北部からの出土品には、11世紀以前に限れば、文字が連続する例は多くありません。

　1文字だけのものは、それだけで何か概念的なものを示し、シンボルとして記されているのかもしれません。例えば、「十」「万」「十万」といった数字や「大」「上」という文字は、規模や相対的な位置を示す文字です。「田」「寺」は具体的な何かを象徴しており、「幸」「真」などは抽象的な正（プラス）の概念を示します。平川南氏は、東日本域の8～10世紀の集落遺跡のうち、多数の墨書土器が出土した20遺跡を対象として、記された93文字の使用頻度を調べました（平川2000）。そのうち2遺跡以上で用いられた60文字が表10です。土器に漢字1文字を記すのは、奈良～平安時代の古代日本国で一般的におこなわれていたことでした。また東北北部で

は、ロクロ土師器の登場とともに文字が記されるようになったのですが、城柵や群家のような政府機関のあった東北南部では、8世紀前半のロクロを使わない土師器にも文字が記されていました。

### （4）誰が文字を書いたのか

　図38に見えるように、書かれた文字は大抵それなりに書き慣れ

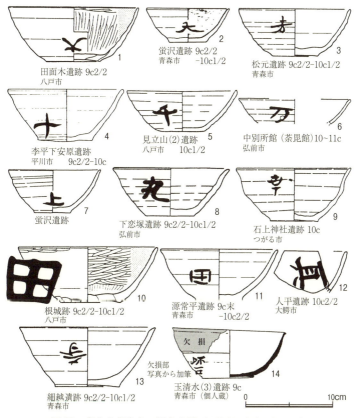

田面木遺跡 9c2/2
八戸市 1

蛍沢遺跡 9c2/2
青森市 −10c1/2 2

松元遺跡 9c2/2-10c1/2
青森市 3

李平下安原遺跡
平川市 9c2/2-10c 4

見立山(2)遺跡
八戸市 10c1/2 5

中別所館（茶毘館）10~11c
弘前市 6

蛍沢遺跡 7

下恋塚遺跡 9c2/2-10c1/2
弘前市 8

石上神社遺跡 10c
つがる市 9

根城跡 9c2/2-10c1/2
八戸市 10

源常平遺跡 9c末
青森市 −10c2/2 11

人平遺跡 10c2/2
大鰐市 12

細越遺跡 9c2/2-10c1/2
青森市 13

欠損部
写真から加筆

玉清水(3)遺跡 9c
青森市（個人蔵）14

欠損

0　　　　　　　　　　10cm

**図38　東北北部出土の墨書土器（弘前市教育委員会 1995）**

### 表10　墨書土器に記された文字の種類と使用頻度

**1. 東日本域の8~10世紀の集落遺跡**

| 遺跡数 | 2 | 3 | 4 | 5 | 6 | 7 | 8 | 9 | 10 | 15 |
|---|---|---|---|---|---|---|---|---|---|---|
| 大きい・正しい等の概念 | 五 | 合 | 七 | 豊 | 得 | 本 | 千 | 上 | 十 | 万 |
| | 正 | 又 | 九 | 成 | 真 | 丈 | 吉 | 加 | | 大 |
| | 有 | 入 | 福 | 主 | 仁 | | | | | |
| | 在 | | 長 | 安 | 継 | | | | | |
| | 全 | | 善 | 下 | | | | | | |
| | 永 | | 太 | 天 | | | | | | |
| | 甲 | | | | | | | | | |
| | 盛 | | | | | | | | | |
| | 財 | | | | | | | | | |
| | 新 | | | | | | | | | |
| 信仰・その他 | 信 | 神 | 佛 | 南 | 西 | | | | 寺 | |
| | 弓 | | 刀 | 山 | 家 | | 田 | 井 | | |
| | 木 | 夫 | 林 | 子 | | | | 人 | | |
| | 酒 | 由 | 十 | | | | | | | |
| | 立 | | 足 | | | | | | | |

**2. 青森県域の9~10世紀**

| 使用数 | 2 | 3 | 4 | 5 | 6 | 8 | 46 |
|---|---|---|---|---|---|---|---|
| 大・正の概念 | 七 | 六 | 千 | 十万 | | | 大 |
| | 八 | 夫 | 小 | 万 | | | |
| | 本 | 神 | | 十 | | | |
| | 有 | 古 | | 上 | | | |
| | 在 | | | 中 | | | |
| 信仰・その他 | 土 | 夫 | 夫 | 寺 | 木 | 田 | |
| | 凡 | 神 | | | | | |
| | 父 | 古 | | | | | |
| | 平 | | | | | | |

1. 東日本域は岩手県、山形県、福島県、群馬県、長野県、千葉県、埼玉県、神奈川県の20遺跡（2遺跡以上から出土した文字のみ）。
2. 青森県域の「使用数」は、文字が記された墨書土器数（2個以上に書かれた文字のみ）。

た筆致です。土師器の形態から、製品はそれぞれの地域のもののようですから、文字も出土遺跡やその周辺で書かれたのでしょう。東北北部では7~8世紀の墨書土器は見つかっていません。9世紀、ロクロ土師器、須恵器生産とともに文字を書く人が現れたようです。この点は重要です。

　東北全域では、墨書された土師器や墨書あるいは刻書された須恵器が8世紀の遺跡からも出土しています。それらは須恵器窯跡、木製品の生産遺跡、鉄生産遺跡、秋田城、多賀城、各地の郡家などの官衙が大部分です。多賀城近くの陸奥国分寺で使われた瓦にも文字が刻まれています。官衙などの役所に文字を書く人がいるのは当然ですが、須恵器や木製品、鉄生産工人、瓦工人たちのなかにも文字を書く人々がいたのです。一方、東北北部では、ロクロ土師器や須恵器の作り手のなかに文字を書く人がいたことになります。文字は

漢字です。書いたのは男性でした。

　9〜10世紀の北海道からも墨書された土器が数点出土していま
す。東北北部と同様、それらは須恵器かロクロ土師器です。ロクロ
を用いた土器の製作は北海道ではおこなわれませんでした。須恵器
は五所川原産です。土師器も東北北部のものの可能性が高いでしょ
う。東方北部で墨書されたものが北海道に搬入されたと考えられま
す。それを確かめるために、次に硯の出土状況を見てみましょう。

## （5）東北北部の古代の硯

　図39として示したのは東北北部の古代の硯です。すべて9世紀
後半以降のものです。北海道から硯は出土していません。出土した
硯には3種類あります。岩石製の専用硯、須恵器甕の胴部破片を転
用した硯、皿形の須恵器や陶器破片を転用した硯です。

　岩石製の専用の硯は少ないのですが、9世紀前半〜10世紀後半ま
での集落である青森市浪岡の山元（2）遺跡から1点出土していま
す。細粒凝灰岩製です。これは最終的には砥石に転用されていまし
た。砥石としてこの遺跡に運ばれた可能性もあります。須恵器甕の
胴部破片を硯に転用したものが最も多く見つかっています。9世紀
後半以降の様々な集落遺跡から出土しています。転用された須恵器
甕は外観的特徴からすべて五所川原産だとわかります。図39-2は
須恵器皿を転用したものです。10世紀の集落である旧平賀町（現
平川市）鳥海山遺跡で見つかりました。器の外面に「大佛」と刻ま
れています。焼成前に刻まれたものですが、須恵器製作者が書いた
か、別の人が書いたかは不明です。製作状況を考えれば、製作者が
刻んだと考えるのが普通でしょう。図39 3は10世紀前半の灰釉陶
器の皿を転用したものです。愛知県のほぼ中央部に位置するみよし

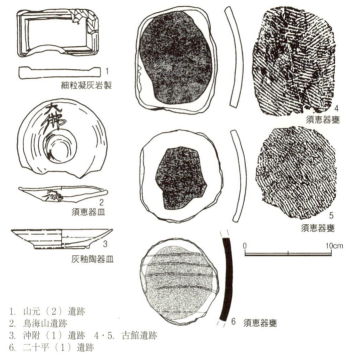

1. 山元（2）遺跡
2. 鳥海山遺跡
3. 沖附（1）遺跡　4・5. 古館遺跡
6. 二十平（1）遺跡

図39　東北北部の古代の硯（各報告書より転載）

市にある折戸53号窯の製品です。下北半島の南部、六ヶ所村にある沖附（1）遺跡、10世紀中葉以降の集落からの出土です。

（6）書かれた文字が示すこと

　東北北部の墨書土器に記される文字の種類は、古代日本国域の墨書土器によく書かれるものです。さきに言及した表10によると、8〜10世紀に最も頻繁に使われたのは万、大、十といった大きいことを表す文字や、上や吉といった正しさや良さを示す文字です。それらを組み合わせて文字とした十万、大十といった表記も見られます。9遺跡で使用された文字には、上、井、人、寺、生、加、8遺

跡に見られたものに、千、吉、田があります。文字の意味を見ると、吉、安、豊といった正しさ（良さ）を示す文字、寺、佛、天など、信仰と関わる可能性のある文字が多く利用されています。

　青森県域出土の土器に記された文字のなかで、出現頻度が高く、資料が 2 点以上出土したものを選んだのが表 10-2 です。東日本域でも使用頻度が高いものがほとんどです。「大」は 30 遺跡で見つかっています。ロクロ土師器の墨書だけでなく、焼成前の須恵器に刻まれたものもあります。また、図 38-9 の鰺ヶ沢町石上神社遺跡出土の幸も吉、福、善などと似た概念の文字グループに入れられます。弘前市鳥海山遺跡の須恵器皿は硯に転用されたものですが、外面に「大佛」と刻まれています。

　以上からわかるように、東北北部の人々が土器に文字を記したのは、人々が文字文化の本質は知らないのに、文字を神秘的な力を持つ "シンボル" と感じ、"見よう見まねで" 使うようになったなどということではありません。当時の日本国域の人々の体系のなかにある行為です。東北北部でロクロ土師器が生産されるようになった 9 世紀に、それらの体系も入ってきたのです。

　一方、文字の使い手でもあったロクロ土師器や須恵器の生産者、そして硯を持つ人も、北海道に移住することはありませんでした。東北北部と北海道とでは、9 世紀には完全に異なる文化になっていたことが、文字の使用状況からもよくわかります。

# 第5章　エミシとは誰か

## 第1節　エミシの言葉

### （1）アイヌ語地名の命名者

　東北地方のアイヌ語地名を残したのはエミシだと多くの研究者が考えてきました（高橋崇 1986、工藤 2000、熊谷 2004 など）。アイヌ語地名を残したということは、人々はアイヌ語を話していたのであり、後にアイヌ民族と呼ばれる人々と文化的に同系統ということになります。アイヌ民族の祖先といってよいでしょう（第1章）。

　東北地方のアイヌ語地名は5世紀前半までの続縄文土器の分布とほぼ重なります（第4章図29）。まだ文字が使われていなかったころ、第4章で説明しましたが、煮沸用土器はどこかで専門家が作り流通していたものではなく、各地で製作されたものでした。土器の分布は土器製作者の分布でもあり、その人々は言葉が通じる範囲内を移動しました。同一型式と認識される土器の分布域は同一言語圏でもあるのです。

　縄文時代から続縄文時代の途中、実年代5世紀前半までは、東北北部と北海道では、土器をはじめ様々な文化要素が似ていました。両地域では言葉が普通に通じていたことを物語ります。しかしアイヌ語を話す人々は、5世紀後半以降、東北北部を去り、北海道にだけ住むようになっていました。東北北部には、その後100年以上、人々が暮らした痕跡は見えません。しかし、7世紀に入ると日本語

を話す人々がそこにやって来て住んだのでした。それなのにそこには、いくらかのアイヌ語地名が残されました。

## （2）アイヌ語地名を残したのは誰か

　現在の北海道に住む人々は、ほぼ全員が日本語を話します。住民の大部分は 19 世紀の後葉、明治時代以降に北海道に住むようになった人々です。21 世紀前葉現在、北海道の地名の約 50％はアイヌ語由来です。北海道に人々が入植したころ、地名の大部分はアイヌ語だったのですが、この 140 年間、徐々に日本語化してきました。地名はそこに住む人々が使っていますが、利用者が名付けたとは限りません。地名からわかるのは、時代は不明ですが、かつて地名を付けた人々がそこにいて、その後それを利用し続ける人々がいるということです。

　東北地方のアイヌ語地名の分布域に重なるように分布する最後のものは、5 世紀前半に使われていた続縄文土器です（第 4 章図 29）。10 世紀後半〜11 世紀の擦文土器も北海道から東北北部にかけて分布していましたが、その範囲は狭く、東北各地にアイヌ語地名を残した人々の動きを反映しているとはいえません。

　また、エミシと古代日本国軍とが最も激しく戦ったといわれる 8 世紀後葉〜9 世紀初頭の東北地方の考古学資料は、その北部域のものですら本州の他地域のものとの違いはほとんどなく、北海道のものとの違いが顕著です。考古学資料から考えれば、東北地方にアイヌ語地名を付けたのは縄文〜続縄文土器を使用した人々ですが、その地名を使い続けてきたのは 7 世紀以降にその地に移住した人々ということになります。アイヌ語話者が名付け、それを守り続けてきたのは日本語話者だったのです。北海道でも、アイヌ語地名の命名

者はアイヌ民族ですが、その後それを使い続けたのは後に入植した日本人たちだったことと似ています。

　東北地方の北部にはアイヌ語地名がありますが、それほど多くありません。近世以降アイヌ民族が住んでいた記録がある津軽海峡沿いの津軽半島北端ですら、2万5千分の1地形図に載るアイヌ語地名は全地名の10%にも達しません。アイヌ語地名の存在は過去のある時期までアイヌ語を話す人々がそこにいたことを示します。しかしその残存数の少なさは、別系統の言葉である日本語を話す人々がある時期以降そこに住むようになって久しいことを反映しています。北海道でも、明治期の入植以来約140年でアイヌ語地名は50%ほどになりました。今後、さらに割合は低下していくでしょう。


## （3）東北地方にアイヌ語話者がいた時代

　さきに述べたように、アイヌ語地名と考古学資料の分布域の類似度、当時使われていた様々な道具類の種類から考えれば、アイヌ語を話す人々が東北地方の住人だったといえるのは縄文時代以来であり、続縄文土器を使う人々がいた時代、5世紀前半までということになります（図40）。平安時代、9世紀後葉から11世紀くらいにも、北海道の人々の土器である擦文土器が東北北部の一部で使われました（図29）。しかし、そのころの東北北部に、土器以外の北海道的な文化要素は見られませんし、出土する擦文土器の数量も非常にわずかです。7世紀以降、東北北部の全文化要素が、古代日本国域のものと同様になっていたのです。したがって、東北地方のアイヌ語地名が生まれたのは5世紀前半までの時期であり、1500年以上も前のことだったと考えるべきです。

　1000年ほど前の日本語は「やまと言葉」や「日本語古語」と呼

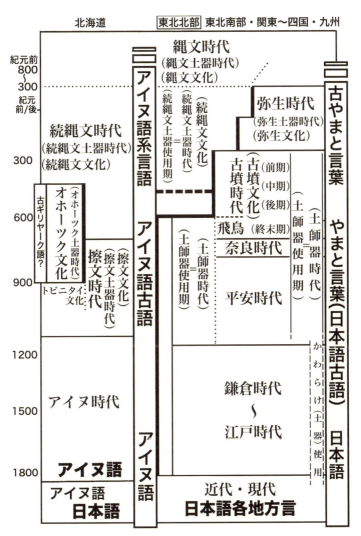

図40　推定される言語と文化の変遷　北海道～九州

ばれます。言語年代学では、人間の生活に必要な基礎的な語が1000年で約2割変化すると仮定されます（松本克 2007）。そこで、さらに1000年古い弥生時代中期ごろの言葉を「古やまと言葉」と呼びました（図40）。図では、アイヌ語も1000年前のものを「アイヌ語古語」、2000年前のものを「アイヌ語系言語」と、段階的に違う名で示しました。

## （4）マタギの言葉

東北地方や新潟県にはマタギと呼ばれる人々がいて、彼らが使う言葉にはアイヌ語が混じっています。マタギをエミシの末裔と考える方もいるでしょう。民俗学者の赤坂憲雄氏や考古学者の工藤雅樹氏もその可能性を述べています（赤坂 2000、工藤 2000）。

しかし言語学者金田一京介氏はマタギの言葉に古い時代の本州アイヌ語の片鱗を見ましたが、マタギをその話者の末裔とは考えませんでした（金田一 2004）。その言葉のうちアイヌ語に由来するのは狩猟時に用いる「山ことば」です。言語学者板橋義三氏がまとめた『マタギ語辞典』に43語載録されています（板橋 2008）。「日本語・山ことば・アイヌ語」の順に代表例を載せますと、「水・ワッカ・ワッカ」「雪・ワシ・ウパシ」「イヌ・セタ・セタ」「アタマ・ハッケ・パケ」「心臓・サベ・サンベ」などです。

ただし、彼らも日常生活では地域の日本語を話しています。「山ことば」も大部分は日本語です。そもそも「マタギ」とはその地域の人々のなかの「猟師」のことで、「民族」やそれに類する特定の集団ではありません。そして「山ことば」は狩猟のときだけに使う特殊な言葉なのですが、この来歴をどう考えればよいのでしょう。

金田一氏は、北海道の漁場にアイヌ民族の労働者がいた場合、そ

こで使われていた言葉を、ともに働いた日本人たちがアイヌ語と意識せずに本州に持ち帰り使う例を示し、マタギの山ことばについて、古代以来の特殊用語を狩猟の場に限って使い続けている可能性があると考えました（金田一 2004）。古代以来か否かは別としても、狩猟という特殊な場だからこそ、それに関する特別な語として、どこかで接触したアイヌ語を残している可能性は十分あるでしょう。

　江戸時代に北海道や東北北部を歩き、多くの紀行文を残した菅江真澄が、文化年間（19世紀初頭）の秋田県阿仁地方について書いています。北海道同様の「〜ナイ」地名があり、マタギという冬狩りをする猟師が住み、彼らの「山ことば」のなかに「蝦夷ことば」も多数ありました（内田・宮本編訳 1967）。ただ彼らの言葉のほとんどは日本語ですし、祖先をアイヌ民族や古代のエミシだとする伝承もなく、密教との関連を誇りとしています。マタギの頭（かしら）の家では、その祖先が群馬県の日光山出身だと書かれた『山立根本巻』や、その祖先は安日尊であり空海とも関連すると記す『山達由来』と呼ばれる巻物を大切にしているそうです（千葉 1975）。マタギはどこから見ても日本的です。

　北海道の漁場で働いた日本人たちがアイヌ語を持ち帰ったのと同様に、マタギの山ことばも、古代以来、山師や猟師、あるいは修験者といった特殊能力を持つ人々が北海道に渡り、高い技術を持つアイヌの猟師と出会い、彼らが用いる言葉を"特別な力のある専門用語"として使うようになったのかもしれません。阿仁地方に「〜ナイ」という川の名前が多いのも、古代以来の地名に加え、その地域のマタギたちが意識的に使い続けたからなのではないでしょうか。

## （5）マタギと周辺の人々との交流の時期

　マタギがアイヌ民族と交流したのは続縄文時代以来だとの考えがあります（瀬川 2015）。続縄文時代以来、東北北部はアイヌ語古語を話す人々と日本語古語を話す人々との交流の場でした。北海道と東北南部とを結ぶ、南北 200 km、東西 150 km ほどの空間には豊富な鉱物があり、様々な種類の動植物が生息します。しかし、5 世紀後半から 6 世紀の 100 年以上の間、その土地にはほとんど誰も住んでいませんでした。でも大地は変わらずそこにあり、日本語古語を話す人々は稀有な獣の皮や各種の鉱物を求めて東北南部以南から北の地域に、アイヌ語古語を話す人々は、鋭利で丈夫な鉄の刃物などを求めて北海道から南の地域に向かいました。そこには 5 世紀前半までアイヌ語古語を話す人々が住み、各地に名前を付けていました。北上する人々と、南下する人々は川に沿った同じ道を歩み、その川の名がその後も使われ続けたのではないでしょうか。

　またマタギ語についての言語学的研究では、発音の変化のあり方から室町時代よりも前に日本語とアイヌ語との接触があったといいます（板橋 2008）。アイヌの呪術には 9 世紀後葉以降の日光の修験からの影響があるとする見方もあります（瀬川 2015）。マタギの頭が大切にしている 2 系統の巻物の内容を見ると、どちらも修験と関連があります。板橋氏は、秋田県や山形県のマタギの人々が、各種の儀式や、様々な難を逃れる際に用いる呪文を 41 点集めましたが、その最後に「アビラウンケンソワカ」と唱えるものが 28 点あります（板橋 2008）。これは大日如来の真言で「地水火風空」を意味するサンスクリット語です。修験道では種々の作法や峰中の拝所の呪歌などとしてしばしば用いられます（宮家編 1986）。マタギは修験から知識や作法を学んだことがあったのです。なお、これらの重要

な呪文のなかにアイヌ語はありません。

　東北北部の西側に集落が造営され始めたのは9世紀、北海道に須恵器や多くの鉄素材が運ばれるようになったのは10世紀中葉以降です。おそらく須恵器の壺や甕は交易の見返りとして贈られた酒を入れた容器でした。また、北海道各地で小鍛冶がおこなわれ、鉄器が製造されました。アザラシやヒグマの皮、オジロワシの羽など、そこでしか得られない品を交易するだけでなく、自らそれを獲りに出かけた東北北部在住の狩人もいたことでしょう。そして秀でた能力でヒグマを仕留めるアイヌの猟師に出会い、狩猟時に用いるアイヌ語を学んだのではないでしょうか。

　しかし、秋田県境に近い岩手県西和賀村にある碧祥寺博物館所蔵のマタギの狩猟用具（太田・高橋 1978）には、修験道的なものもアイヌ民族的なものもありません。狩猟にアイヌは毒矢、マタギはタテと呼ばれる鉄製の槍を使います。アイヌは毒の調合を秘密にします。それでますますマタギはアイヌの神秘的な力に魅力を感じ、狩猟の際にアイヌ語を使うようになったのかもしれません。


## （6）クレオール語の有無

　第1章でオホーツク土器の製作者はオホーツク文化語（ギリヤーク語）話者、続縄文土器の製作者はアイヌ語話者、土師器の製作者は日本語話者だと述べました。古墳時代併行期の日本列島北部には3つの考古学的文化、そして3つの言語が並存していたのです。

　根拠はこうでした。土器が自給自足的に使われていた時期には、①同じ型式の土器が一定の範囲に広がり、そこは言葉が通じる範囲でした。さきの3文化の場合、オホーツク土器はオホーツク文化域、続縄文土器もその文化域、土師器は古墳文化域で利用されてい

ました（古墳時代は「自給自足的」社会ではありませんが、北に隣接する地域に「自給自足的」社会があるので、違いが明確です）。しかもそれらの3つの範囲はそれぞれの文化要素のすべてが別々で、それらの要素は最初のうちは混じりあいません。②しかし、並存して百年以上経過すると要素が混じりあう場合がありました。その一つが北海道東部のオホーツク文化域南部に見られた9〜13世紀のトビニタイ文化です。土器だけでなく文化要素のほとんどが同時代の北海道の擦文文化的になりました。言語も擦文語すなわちアイヌ語化していたことでしょう（図41）。

このとき、オホーツク文化語やアイヌ語古語とは別の、それらの「あいの子」のような第三の言語、すなわちどちらかの言語をベースとしてもう一方の言語の要素を組み合わせピジン語が生まれ、それが母語となるクレオール語化（田中 1999）はなかったでしょうか。地名にはそのような痕跡は残っていませんし、どの言語にもその片鱗は見られません。

トビニタイ土器のように擦文土器をベースにホーツク土器の要素が加わったと見られるものは、擦文文化地域にオホーツク文化出身の女性が加わって生まれたと推定できます。クレオール語の痕跡がありませんので、言葉はアイヌ語に同化したのでしょう。

同時期の本州島と北海道の人々の関係はどうでしょう。9世紀以降、東北北部ではロクロ土師器が一般化し、9世紀後葉には須恵器の生産も始まりました。しかし、ロクロを用いた土器の生産は北海道ではおこなわれませんでした。当時ロクロを用いたのは男性でしたが（第4章参照）、北海道の土器製作者は女性だったので、男性の技術は移植されなかったのでしょう。

当時の本州島は、北海道に隣接する東北北部も含めて社会構造と

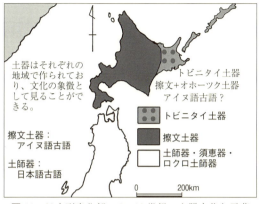

**図 41**　日本列島北部の 9～10 世紀の土器文化と言葉

してはほぼ単一であり、ロクロで土器を作る男性がいました。文字があり、馬の飼育、製鉄などもおこなわれており、これらも男性の仕事でした。この時期の東北北部以南の文化は北海道の住人のものとはまったく違っていたのです。両地域間では集団の移住が相互に頻繁におこなわれたりはしませんでした。型式が同じ土器の分布域、すなわち同一文化圏は、婚姻による女性の移動だけでなく、集団の移住がおこなわれる範囲です。東北北部と北海道は、7 世紀以降そのような交流がおこなわれる地域ではなくなっていました。言語がまったく異なっていたからです。

## 第 2 節　古代日本国が創ったエミシ

### （1）実態のあるエミシは北海道にいた古代アイヌ民族

　8 世紀に成立した『日本書紀』『続日本紀』など、古代日本国の正史に記された古代のエミシは、それらの記載に従うならばアイヌ

語古語を話す人々でした。しかし、同時代の他の文献や考古学資料をもとに本書で語ってきたように、7〜8世紀の東北北部に、実際にはそのような人々は住んでいませんでした。いたのは日本国域からの移住者であり、日本語を話す人々でした。

『日本書紀』と同時代に編纂された『風土記』には各地の地誌的情報が記されていますが、エミシがいたとされる地域に近い常陸国の『常陸国風土記』にすら「蝦夷」の名前は見えません。「夷（エミシ）」「国栖（クズ）」「土蜘蛛（ツチグモ）」は登場しますが、それらもすべて正確な年代についての記録などない第10代・12代天皇の時期のこととして古老が語った地名誕生物語です。おそらくそれらは古墳時代以降に各地を訪れた開拓民たちが遭遇した、埋まりきらない縄文時代の住居跡などを説明するための物語上の存在でした（第1章第2節）。

斉明天皇5年（659）には日本国に朝貢してくる熟蝦夷を唐の皇帝に紹介し、さらに東に麁蝦夷、都加留がいたと述べています。そのときの記録を残す中国の『通典』によれば、最も近くに住む熟蝦夷ですら日本人とはまったく違う姿で、特に髭が長いのが特徴でした。当時の中国では長い髭の代名詞はエビでした。皇帝はエビのような東夷という意味を込めて「蝦夷」と命名したという説があります（相澤 2016）。

東アジアの諸民族で髭が濃いのはアイヌ民族です。紹介された熟蝦夷は古代アイヌ民族だったと考えられます。さらに東に住む都加留という名はアイヌ語のトゥカル（アザラシのこと）から生まれ、おそらくオホーツク海だけに生息するアザラシの皮の交易相手、その人々を呼んだのでしょう。都加留がオホーツク人、熟蝦夷が北海道南部に住む続縄文人、麁蝦夷が道央の続縄文人ということになる

でしょう。すなわち、7世紀当時の蝦夷は北海道に住む古代アイヌ
民族だったことになるのです（第2章第4節）。

## （2）古代の東北北部にエミシはいなかった

　東北地方にはアイヌ語地名があります。過去にアイヌ語を話す
人々がいた証です。考古学資料をもとに考えれば、その人々は縄文
時代から5世紀前半くらいまでは東北地方にもいました（図40）。
東北北部の続縄文文化の人々は縄文人の末裔でしょう。人間の文化
の基本は言葉です。最後に、エミシの言葉と物質文化との組み合わ
せをまとめておきます。

　図42として3〜11世紀にかけての生活様式の基本となる諸文化
要素の系統の変化を模式的に示しました。文化の区分表を表11と
しました。図からわかるように、北海道では縄文文化の系統上にあ
る続縄文の文化が古代以降も続きました。東北北部の文化は5世紀
前半までは北海道と同系統でしたが、7世紀以降は本州島の大部分
地域と同じになりました。これは単なる物質文化の変化ではありま
せん。それらを使ったのは人間です。第3章第2節で説明したよう
に、物質文化が変化しながらも継続することは集落が維持されるこ
とです。その基礎には婚姻があります。婚姻は次の世代の人間を誕
生させ社会を継続させます。婚姻は同一言語域でおこなわれるのが
スムーズであり、それは単なる個人の移動ではありません。まず一
つの共同体等の集団の移住があり、それを母体として婚姻、個人の
移動が起こります（第3章図12）。個人も集団も同一言語域内を移
動するのです。

　表11は言語を基本とした文化の区分について説明したものです。
考古学では物質文化の組み合わせにもとづいて、縄文文化、弥生文

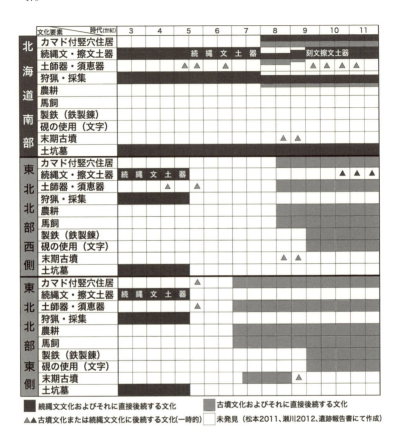

図42　北海道南部・東北北部の文化要素の系統の変遷　3〜11世紀
　（松本 2014に一部加筆、編集）

表11　文化の階層的区分（松本 2015 を一部修正）

| 総合区分（上位）<br>言語、宇宙観、帰属意識<br>など | 時間区分（下位）<br>物理的、考古学的、<br>政治史的など | 空間区分（下位）<br>自然地理的、人文地理的<br>など |
|---|---|---|
| 例<br>アイヌ（アイヌ語系） | 例<br>江戸時代併行期<br>続縄文土器使用期 | 例<br>北海道東部<br>東北北部<br>（続縄文土器分布圏） |
| 日本（やまと言葉） | 江戸時代<br>平安時代後期<br>古墳時代前期 | 南部地方<br>陸奥国北部<br>東北南部 |

化のように文化を区分するのですが、言語を考慮すれば別の区分が可能となります。文化を総合的に区分する要素が言葉です。日本語を話す人々の文化が日本文化、アイヌ語を話す人々の文化がアイヌ文化となります。時間と空間との組み合わせがその下位区分になります。例えば江戸時代の南部地方（南部藩）の文化、江戸時代の会津地方（会津藩）、平安時代後期の陸奥国北部、平安時代の陸奥国南部などというように、日本語を話す人々の文化を時間と空間によって区分できます。同時代の北海道の場合、上位の総合区分がアイヌ文化、下位の時間と空間の組み合わせによる区分は、例えば江戸時代併行期の北海道東部、平安時代後期併行期（擦文時代）の北海道南部などとなります。

　また、さきに図40を示して考えたように、古墳時代、弥生時代とも言語は日本語の系統です。一方、東北北部にも考古学研究者の間では弥生時代があると認識されていますが、言語は縄文時代以来の系統であり、当時の北海道の人々のものと同様でした。東北北部でも弘前市砂沢遺跡のように稲作がおこなわれましたが、物質文化の大部分は縄文時代晩期の文化の系統上にあり、言葉を含めると日

本文化の系統となる弥生文化にではなくアイヌ文化の系統に連なります（図40）。これは、縄文式土器を用いる文化、次の続縄文式土器を用いる文化、それに続く擦文式土器を用いる文化がアイヌ文化に連なるという山内清男氏の考え方（山内 1969）、あるいは岡本孝之氏が日本列島上の文化を日本文化と大森（縄文）蝦夷アイヌ文化とに二分した捉え方に近いものです（岡本 1991）。岡本氏は文献に記された「蝦夷」が東北地方にいたと考えており、その点が本書と違いますが、弥生時代併行期以降の東日本域の文化を縄文文化系とし、アイヌ文化に連なると考える点は同じです。

### （3）なぜ古代日本国は歴史を創作したか

7〜8世紀の古代の東北地方に異文化の民であるエミシがいて、征討戦争の後、その領域を日本国に編入したという、「正史」に記された歴史は、私的交易や開拓による地域の人々との交流の結果を言い換えたものでした。特に宝亀5年（774）以降の『続日本紀』の記述は、政府の資金や兵士たちを私的交易や開拓・私田経営などに費やしたことをもっともらしく説明するための作文でした。

古代日本国はなぜそのような歴史を国の正史に載せねばならなかったのでしょう？　それを書き始めたころは、「日本国」は、昔の「倭国」ではなく、東夷が朝貢をしてくる、中国同様の中華的世界帝国（堀 2008）の構造を持っていることを示したかったのではないでしょうか。これに類することは、中国に蝦夷を紹介した目的として多くの研究者がいっています（坂本 1956、工藤 2000）。その後、『旧唐書』で日本国の存在が認められていますので、唐の時代のうちにその願いはかなったのですが、その後、宝亀5年（774）に日本国はエミシとの朝貢関係を断ちました（表12）。そして38

表12　倭国・古代日本国家とエミシ

| 年代 | 朝貢 | 帰順 | 饗応・位禄授与 | 争乱・征討 | その他 | 文献 |
|---|---|---|---|---|---|---|
| 12代天皇 | | 1 | | 2 | | |
| 15代天皇 | 1 | | | | | |
| 16代天皇 | | | | 1 | | |
| 21代天皇 | | | | 1 | | |
| 580 | | | | 1 | | |
| 590 | | | | | | |
| 600 | | | | | | 日本書紀 |
| 610 | | | | | | |
| 620 | | | | | | |
| 630 | | | | 1 | | |
| 640 | | 2 | 2 | | | |
| 650 | 1 | | 5 | 1 | 唐皇帝に蝦夷紹介・蝦夷表記誕生 | |
| 660 | | | 2 | | | |
| 670 | | | | | | |
| 680 | | | 2 | | | |
| 690 | 2 | | | | | |
| 700 | | | | 1 | | |
| 710 | 3 | 2 | 3 | 1 | 『古事記』成立 | |
| 720 | | | 2 | 7 | 『日本書紀』成立 | 続日本紀 |
| 730 | | 2 | 1 | | | |
| 740 | | | | | | |
| 750 | | 2 | | | | |
| 760 | 1 | 3 | 1 | | | |
| 〜774 1.16 | 2 | 2 | 3 | 14 | 蝦夷・俘囚の朝廷への参内停止※ | |
| 780 | | | 1 | 13 | 私田経営を注意・私的交易禁止 | |
| 790 | | 2 | | 1 | 『続日本紀』成立 | 日本後紀 |
| 800 | | | | 2 | 私的交易禁止・征討の停止 | |
| 810 | | | | 1 | | |

※774年1月20日の詔（天皇の言葉）

年に及ぶ戦争に入り、弘仁2年（811）国側が勝利し、エミシらの反乱を治めたという歴史が記されました。

　しかし奇妙なことに、その途端「蝦夷」という表記は国の正史から消え、代わりに「俘囚」が登場しました。「俘囚」は捕虜という意味の中国語です。正史上では、征討戦争によって蝦夷は降伏し、捕虜という意味の俘囚となったという歴史を書いたことにはなりま

す。まさに蝦夷が政治概念であることを示します。しかしこのように、呼称の置き換えで済んでしまうことこそが、実際にはエミシとの間で戦争があったわけではないことを反映しています。

『日本書紀』『続日本紀』などにエミシ征討記事があり、多賀城、秋田城等、文献にある城柵が見つかっているのだからそんなはずはないと考える方も多いでしょう。しかし、エミシとの戦闘がなくても国家は各地に政治的機関が必要です。多賀城の考古学的調査にも従事した工藤雅樹氏は城柵研究のあゆみをふりかえるなかで、東北地方のいくつもの城柵の発掘調査結果にもとづいて、城柵は、従来の見解のような軍事上の施設ではなく、官衙、つまり政庁だと述べたところ、エミシとの関係を考えれば軍事面を無視することはできないはずだと批判されたと述懐しています（工藤 1989）。しかし、それまでの論調に抗して調査者があえて政庁だと言ったのです。それが素直な評価ではないでしょうか。

また宝亀5年（774）以降、急に戦争状態となったことになっていますが、その直前まで朝貢や帰順（エミシが日本国の公民になりたいと願いでる）などが断続的に続いており、エミシとの関係は良好でした（表12）。それなのに、その年の正月に国側がエミシによる朝廷への挨拶を停止し、それから関係が悪くなったと書かれていますが、理由は不明です。表12に示したように『日本書紀』『続日本紀』によれば、唐の皇帝にエミシを紹介した7世紀中葉以降、エミシ側に朝廷との関係を悪化させる要因があるようには見えません。

エミシ征討の戦いについては文献を用いた多くの研究があります。ただ、国家が編纂した歴史書には、戦闘の場面についての記述がほとんどありません（鈴木拓 2008）。実際、774〜811年の38年間、激しく長い戦闘が続いたといわれているにもかかわらず、あま

表 13　エミシ・俘囚・夷俘などの反乱と私的交易等の禁止令

| 反乱 | 国名 | 年号 | 国名 | 禁止令等 | その他 |
|---|---|---|---|---|---|
| 国行方郡役所で火災 | 陸奥 | 宝亀 5（774） | | | 通称「三八年戦争」の期間　／　日本列島全域で集落が増加している時期 |
| 桃生城に侵攻 | 陸奥 | 宝亀 5（774） | | | |
| 桃生城に侵攻 | 陸奥 | 宝亀 6（775） | | | |
| 志波城 | 出羽 | 宝亀 7（776） | | | |
| 胆沢城 | 陸奥 | 宝亀 8（777） | | | |
| エミシが反乱 | 出羽 | 宝亀 8（777） | | | |
| 多賀城を焼く | 陸奥 | 宝亀 11（780） | | | |
| | | 延暦 2（783） | 陸奥 | 鎮所の役人が横領・私田経営 | |
| | | 延暦 6（787） | 陸奥・出羽 | 国司らの私的交易を禁止 | |
| | | 延暦 7（788） | 陸奥 | 国司らの公務怠慢を咎める | |
| エミシ征討 | 陸奥 | 延暦 8（789） | 陸奥 | 征討の引き延ばしを咎める | |
| 坂上田村麻呂による征討 | 陸奥 | 延暦 13（798） | | | |
| アテルイら降伏 | 陸奥 | 延暦 21（802） | 出羽 | 国司らの毛皮私的交易を禁止 | |
| エミシ征討の停止 | 陸奥・出羽 | 延暦 24（805） | | | |
| ニサタイのエミシを征討 | 陸奥 | 弘仁 2（811） | | | |
| 俘囚の反乱 | 出雲 | 弘仁 5（814） | | | |
| | | 弘仁 6（815） | 陸奥・出羽 | 貴族・富豪らの私的交易禁止 | |
| 俘囚の反乱 | 陸奥 | 弘仁 8（817） | | | |
| 馬を盗んだ俘囚を土佐に移す | 因幡 | 弘仁 11（820） | | | |
| 弩の購入要求 | 陸奥 | 承和 4（837） | | | |
| 俘囚の反乱 | 上総 | 喜祥元（848） | | | |
| 夷俘ら放縦を極める | 近江 | 天安 2（858） | | | |
| 夷俘長等みだりに国を出る | 播磨 | 貞観 8（866） | | | |
| 夷俘が服属せず、放火・窃盗 | 上総 | 貞観 12（870） | | | |
| 俘囚の反乱 | 下総・下野 | 貞観 17（875） | | | |
| 俘囚の反乱 | 出羽 | 元慶 2（878） | | | |
| 俘囚の反乱 | 上総 | 元慶 7（883） | | | |

り真剣に戦っていないことが多く、天皇からたびたび叱責されています（表13）。しかも、激しく戦っていると書かれている780年代に、陸奥国・出羽国の国司等の国の役人を筆頭に、普通の公民までもが馬や奴隷の私的交易をおこなっており、それに対する禁止令が出され、私田経営に兵士を使っていると注意されています。戦争があったというのは役人の作文だと考えられるのです。

### （4）近代の北海道経営と古代の東北への移住

　8世紀の東北地方では開拓や私田経営におそらく兵士が使われました。私の持つ東北地方での「開拓」のイメージは明治時代の北海道での屯田兵の制度と似ています。明治7年（1874）制定の屯田兵条例によると応募できる年齢は18〜35歳で、兵士たちは結婚もし、家族もありました（伊藤 1979）。毎日軍事訓練と開墾、農耕等をおこないました。そうして北海道の多くの土地が耕されたのです。

　北海道に移住して開拓をおこなったのは屯田兵だけではありません。明治20年代（1887年以降）には一般の移民も増えました（田畑ほか2000）。どのタイプの移住にも共通したのは、若い人々が多かったことです。北海道南部、洞爺湖の北側にある旧洞爺村香川（現洞爺湖町）の例を示します。明治20年（1887）、76名の移住があり、年齢がわかる32名は、戸主51歳1人、40歳2人、30〜39歳6人、20〜29歳2人、妻の年齢37〜38歳3人、28歳2人、子どもたちの年齢1〜18歳14人、戸主の母62歳1人、66歳1人です（洞爺村編 1976）。戸主でも40歳以下がほとんどでした。集団のリーダーとして50を越す年齢の人も必要でしたが、若い人々、壮健な人々が開拓の中心でした。そこが重要です。誰も住んでいない未知の原野を切り開き、多くの人々が住めるようにするには、強い

意志、体力、知識、技術が必要です。

　未開拓地への移住を考えるには、北海道への開拓の歴史が参考になります。あるいはアメリカ、ブラジルへの移民の歴史を知ることも重要です。ただ、移住する境遇や理由、移住先の環境はそれぞれ違います。明治期の北海道への移住は未開拓地を開発する場合も多く、そこに新しい文化を植え付けることになりました。アメリカやブラジルへの移民の場合は、すでに先住者がいる異文化地域に入ることになりますから、逆に移住者が新しい文化を受け入れることになりました。

　近代の北海道への移住は日本国政府が政策として進めたものでした。一方、古代の東北北部への移住や開拓は、7世紀には、おそらくそれぞれの意志でおこなわれ、8世紀以降は、個人の自由意志ばかりでなく、政府の命令に従う人々、墾田永年私財法をもとに各個人がおこなった例など様々なケースがあったと推定されます。

### （5）古代日本国が創ったエミシ

　考古学から見るならば、古代の東北地方にエミシはおらず、実態のあるエミシは北海道に住んでいました。東北地方に住んでいたエミシを「征討」し、国は領土を広げた——そのように語る歴史は古代日本国の創作物語でした。エミシの後継名称であるエビスは10世紀には外来植物などの薬の呼び名の一部となり、12世紀には福神の名前となっていました。そして、中世から近世には、どちらの名前も歴史の表面から消えていました。国内的にも対外的にも国の体制が成立した後、別国の政権に侵略されるようなことがなかった日本列島では、政府は改めて自国の成り立ちについての歴史を書く必要がありませんでした。

　再びエミシが脚光を浴びたのは、日本国成立の歴史を広く国民に
教え、軍備を拡充し"強い"国家を作ろうとした近代に入ってから
でした。ただしこのとき「蝦夷」の文字はエミシではなくエゾと読
まれました。それは、北海道に住むアイヌ民族を中世〜近世の日本
人が呼ぶときの名前であり、北海道の呼称でした。古代のエミシや
エビスの物語を東北地方の人々が語りついできたのではありませ
ん。近代になって古代日本国の歴史を語るのに改めてエゾが利用さ
れたのです。それを実践したのは、19世紀後葉、西欧の帝国主義
国家の圧力で「開国」せざるを得なくなり、その後急速に近代的強
国を目指した日本国、「大日本帝国」でした。

　まとめます。古代日本国がエミシを必要としたのは、大きくは二
つの理由からでした。一つは対外的に帝国としての体裁が整ってい
る姿を示すためでした。それは「国の歴史を創る」ことでもありま
した。古代日本国は中国から「国家」の体系や、文字を使った歴史
を語ることなどを学びましたが、国の歴史とは「科学的な事実を語
る」ことではなく、「事実を都合よく利用して国の正統性を語る」
ことであり、形式が重視されました。エミシはそのために利用され
たのです。「倭国」という名は中国に与えられたものでしたが、「倭
国」が中国をモデルとして国の体裁を真似し始めた5世紀後葉に
「毛人」の使用が始まりました。その後、国の制度がほぼ整った7
世紀後葉、自国の名を「日本国」と改め、東に住む異民族「蝦夷」
を従えた小帝国であることを示しました。

　国家がエミシを語った二つ目の理由は、国内的な、国家中枢を支
える人々の事情によるものでした。国家の形式は国の高級官僚たち
によって徐々に整備されました。その過程で彼らが「事実を都合よ
く利用して」歴史を創作するうちに、実際の出来事を変形させるこ

とになっていました。すべての公的記録が創作だといっているのではありません。国の歴史を形式的に整える要素となっている部分に創作があったのです。役人らの実際の活動の痕跡は、公金や兵士の使用の痕跡として残されました。公金による私的交易、国家の計画によらない私的開拓そして私田経営による兵士の使用、これらが実際の活動だったのですが、公的記録はすべてエミシと国との物語として整えられました。役人たちは、それを事実の隠蔽だとは思っていなかったかもしれません。もっともらしく物語を捏造することが国の歴史を書くことだと考えていたのでしょう。エミシはそのつど、都合よくスケープゴートとして利用されただけでした。

　したがって、エミシに関することは、国の正史の物語部分は創作ですが、遺跡として残った実態部分は以下のように説明できます。実態1：7世紀以降のエミシは北海道に在住していたアイヌ民族の祖先である。実態2：7世紀以降の東北北部の居住者は古代日本国域からの移住者である。

　国家には物質文化や制度としての実態があります。しかし、制度は形式だからこそ、同時に物語あるいは幻想でもあります。形式のなかで別のものに変換してしまうのです。役人はそれを利用している場合もあれば、自分たちもその幻想のなかにいることに気づかないこともあるでしょう。エミシの物語は、みんなで語っているうちに、それが作り話だったことを忘れてしまった例かもしれません。

　「国」が歴史を強調し始めるとき、あるいは「国」のことを声高に語り始めるとき、その背後にいる「国」と称する人々による別の思惑があることを忘れてはいけません。「国」に都合のよいように歴史を、公文書を捏造し始めていないか、注意しなければなりません。エミシと国との創られた歴史がそれを教えてくれるのです。

# 参考文献

青森県教育委員会　2006『林ノ前遺跡』

青森県史編さん古代部会　2001『青森県史資料編古代 1 文献史料』青森県

青森県史編さん古代部会　2008『青森県史資料編古代 2 出土文字資料』青森県

相澤秀太郎　2016「『蝦夷』表記の成立」『歴史』東北史学会

赤坂憲雄　1994『柳田国男の読み方』ちくま新書（2013 年『柳田国男を読む』ちくま学芸文庫として刊行）

赤坂憲雄　1996『東北学へ 1　もう一つの東北から』（2009 年『東北学／忘れられた東北』講談社学術文庫として刊行）

赤坂憲雄　2000『東西/南北考』岩波新書

赤坂憲雄　2009『東北学/忘れられた東北』講談社学術文庫

秋田県教育委員会　1989『一般国道 7 号八竜能代道路建設事業に係る埋蔵文化財発掘調査報告書 II』

秋本吉郎校注　1958『風土記』日本古典文学大系 2　岩波書店

阿部義平ほか　2008『森ヶ沢遺跡発掘調査報告書〈下〉』国立歴史民俗博物館研究報告第 144 集

安斎正人編　2017『理論考古学の実践』同成社

石井昌国　1966『蕨手刀』雄山閣

板橋義三　2008『マタギ語辞典』現代図書

市川健夫　1981『日本の馬と牛』東書選書　東京書籍

伊藤武士　2006『秋田城跡』日本の遺跡 12　同成社

伊藤　廣　1979『屯田兵村の百年』下巻　北海道新聞社

井上光貞ほか校注　1976『律令』日本思想史大系 3　岩波書店

井上光貞ほか校注　1994『日本書紀（二）』岩波文庫

入間田宣夫　1988「久慈・閉伊の悍馬」『中世東国史の研究』東京大学出版会

入間田宣夫　1990「稙宗の貢馬」『北日本中世史の研究』吉川弘文館

岩本由輝　1983『続柳田国男　民俗学の周縁』柏書房

内田武志・宮本常一編訳　1966『菅江真澄遊覧記 2』平凡社東洋文庫

内田武志・宮本常一編訳　1967『菅江真澄遊覧記4』平凡社東洋文庫

宇野隆夫　1991『律令社会の考古学的研究―北陸を舞台として―』桂書房

宇部則保　2015「北縁の蝦夷社会」『蝦夷と城柵の時代』吉川弘文館

江釣子村教育委員会　1978『猫谷地・五条丸古墳群』

江釣子村教育委員会　1988『猫谷地古墳群』

蝦夷研究会編　2004『蝦夷と律令国家』高志書院

大石直正　2001『奥州藤原氏の時代』吉川弘文館

大賀克彦　2010「群集墳築造の二つの契機」『遠古登攀　遠山昭登君追悼考
　　古学論集』『遠古登攀』刊行会

太田祖電・高橋喜平　1978『マタギ狩猟用具』日本出版センター

大西秀之　2007『トビニタイ文化からのアイヌ文化史』同成社

岡田米夫　1974「西宮神社と海神信仰」『神道史研究』22-5　神道史学会

岡本孝之　1991「杉原荘介と山内清男の相克―または弥生文化と大森（縄
　　文）文化との関係について―」『神奈川考古』27　神奈川考古同人会

小野米一　2001『移住と言語変容―北海道方言の形成と変容』渓水社

利部　修　2008『出羽の古代土器』同成社

加藤瑛二　1997『日本・中国陶磁業の立地と環境』古今書院

鐘江宏之　2016「蝦夷社会と交流」『三十八年戦争と蝦夷政策の転換』吉川
　　弘文館

河村好光　2010『倭の玉器』青木書店

岸本直文　2010『史跡で読む日本の歴史2古墳の時代』吉川弘文館

喜田貞吉　1928『日本歴史物語』上　日本児童文庫1　アルス

喜田貞吉　1929「上古時代」『日本地理風俗大系』新光社

喜田貞吉　1930「歴史総記」『日本地理大系』改造社

喜田貞吉　1935『福神の研究』日本学術普及会

北垣恭次郎　1918『国史美談』上巻　実業之日本社

北構保男　1991『古代蝦夷の研究』雄山閣

桐原　健　1989『積石塚と渡来人』UP考古学選書　東京大学出版会

金田一京助　2004『古代蝦夷とアイヌ』平凡社ライブラリー

工藤雅樹　1989『城柵と蝦夷』ニュー・サイエンス社

工藤雅樹　2000『古代蝦夷』吉川弘文館

工藤雅樹　2001『蝦夷の古代史』平凡社新書

熊谷公男　2004『古代の蝦夷と城柵』吉川弘文館

熊谷公男　2015「序　国家支配のはじまりと蝦夷の抵抗」『蝦夷と城柵』吉川弘文館

熊木俊朗　2001「第三節　後北 $C_2$・D 式土器の展開と地域差」『トコロチャシ跡遺跡』東京大学大学院社会系研究科考古学研究室

熊田亮介　1986「蝦夷と夷狄」高橋富雄編『東北古代史の研究』吉川弘文館

熊田亮介　2003『古代国家と東北』吉川弘文館

倉野憲司ほか　1965『校本古事記』続群書類従完成会

神野志隆光　2016『「日本」国号の由来と歴史』講談社学術文庫

五所川原市教育委員会　2003『五所川原須恵器窯跡群』五所川原市埋蔵文化財調査報告書第 25 集

小林達雄　2002『縄文土器の研究』学生社

小林達雄編　2008『総覧縄文土器』アム・プロダクション

小松和彦監修　2015『妖怪』角川ソフィア文庫

斉藤正編　1974『全国昔話資料集成 7 津軽昔話集』岩崎美術社

阪口　豊　1989『尾瀬ヶ原の自然史』中公新書

坂本太郎　1956「日本書紀と蝦夷」古代史談話会編『蝦夷』朝倉書店

坂本太郎・家永三郎・井上光貞・大野晋校注 1995『日本書紀』4 巻　岩波文庫

佐原　真　2002「文化圏」『日本考古学事典』三省堂

沢崎　坦　1987『馬は語る―人間・家畜・自然―』岩波新書

島田勇雄ほか訳注　1985『和漢三才図会 2』平凡社東洋文庫

下田町教育委員会　1991『中野平遺跡』

杉本　宏　1987「飛鳥時代初期の硯」『考古学雑誌』73-2　日本考古学会

鈴木卓夫　1994『作刀の伝統技法』オーム社

鈴木琢也　2004「擦文文化期における須恵器の拡散」『北海道開拓記念館研究紀要』32

鈴木拓也　2008『蝦夷と東北戦争』吉川弘文館

鈴木　信　2003「道央部における続縄文土器の編年」『ユカンボシ C15 遺跡（6）』北海道埋蔵文化財センター

瀬川拓郎　2015『アイヌ学入門』講談社現代新書

瀬川拓郎　2016『アイヌと縄文―もうひとつの日本の歴史』ちくま新書

関口　明　1992『蝦夷と古代国家』吉川弘文館

大日本名所図会刊行会　1919『尾張名所図会下巻』

高橋　崇　1986『蝦夷』中公新書

高橋富雄　1958「古代東国の貢馬に関する研究―「馬飼」の伝統について―」『歴史』17 輯　東北史学会

高橋富雄　1963『蝦夷』吉川弘文館

高橋富雄　1974『古代蝦夷―その社会構造』学生社

高橋富雄　1991『古代蝦夷を考える』吉川弘文館

高橋富雄　1995「古代東国の貢馬に関する研究」『馬の文化叢書第 2 巻古代―馬と日本史 1』馬事文化財団

田中一彦編　1938『日本文化史大系　原始文化』誠文堂新光社

田中克彦　1999『クレオール語と日本語』岩波書店

谷口康浩　1986「縄文時代の親族組織と集団表象としての土器型式」『考古学雑誌』72　日本考古学会

田端宏ほか　2000『北海道の歴史』山川出版社

千葉徳爾　1975『狩猟伝承』ものと人間の文化史 14　法政大学出版局

知里真志保　1976『知里真志保著作集 別巻 1 分類アイヌ語辞典 植物編・動物編』平凡社

辻　秀人　1996「蝦夷と呼ばれた社会―東北北部社会の形成と交流―」『古代王権と交流 1 古代蝦夷の世界と交流』名著出版

都出比呂志　1991「日本古代の国家形成論序説―前方後円墳体制の提唱」『日本史研究』343　日本史研究会

都出比呂志編　1989『古墳時代の王と民衆　古代史復元』講談社

津野　仁　2008「蝦夷の武装」『考古学研究』54-4　考古学研究会

津野　仁　2011『日本古代の武器・武具と軍事』吉川弘文館

東京工業大学製鉄史研究会　1982『古代日本の鉄と社会』平凡社選書

東京都埋蔵文化財センター　2001『天神前遺跡・瀬戸岡古墳群・上賀多遺跡・新道遺跡・南小宮遺跡』

東北古代土器研究会　2008a『東北古代土器集成―須恵器・窯跡編―〈陸奥〉』

東北古代土器研究会　2008b『東北古代土器集成―須恵器・窯跡編―〈出羽〉』

洞爺村編　1976『洞爺村史』洞爺村

百々幸雄　2015『アイヌと縄文人の骨学的研究：骨と語り合った 40 年』東北大学出版会

直井雅尚　1994「松本市安塚・秋葉原古墳群の再検討」『中部高地の考古学 IV』長野県考古学会

中嶋友文　2000「図194および解説」『野木遺跡 III（第四分冊）』青森県教育委員会

中村友一　2009『日本古代の氏姓制』八木書店

新野直吉　1989『古代東北の兵乱』吉川弘文館

西宮一民校注　1985『古語拾遺』岩波文庫

日本児童文学者協会編　1982『青森県の民話』偕成社

野辺地町教育委員会　2007『二十平（1）遺跡』

橋本雅之　2007『古風土記の研究』和泉書院

八戸市教育委員会　1991『丹後平古墳群』

服部四郎　1959『日本語の系統』岩波書店

土生田純之編　2010『東日本の無袖横穴式石室』雄山閣

浜田耕作　1935『岩波講座日本歴史　日本原始文化』岩波書店

林　正之　2015「東北北部「末期古墳」の再検討」『古代』137　早稲田大学考古学会

原田信男校注　2015『蝦夷志　南島志』東洋文庫856　平凡社

平川　南　1989『漆紙文書の研究』吉川弘文館

平川　南　2000『墨書土器の研究』吉川弘文館

弘前市　1995『新編弘前市史資料編1』

福田豊彦　1995「鉄を中心にみた北方世界」『中世の風景を読む1蝦夷の世界と北方交易』新人物往来社

藤沢　敦　2004「倭の「古墳」と東北北部の「末期古墳」」『古墳時代の政治構造』青木書店

細野衛・佐瀬隆　2015「黒ボク土の生成史：人類生態系の観点からの試論」『第四紀研究』54-5　日本第四紀学会

堀　敏一　2008『中国と古代東アジア世界』岩波書店

松島栄一　1963「歴史教育の歴史」『岩波講座日本歴史』別巻1　岩波書店

松本克己　2007『世界言語のなかの日本語』三省堂

松本市教育委員会　2003『中山古墳群　鍬形原遺跡　鍬形原砦址』

松本建速　2006『蝦夷の考古学』同成社

松本建速　2011『蝦夷とは誰か』同成社

松本建速　2013「東北北部にアイヌ語系地名を残したのは誰か」『考古学研

究』60-1　考古学研究会

松本建速　2015「考古学からみた古代の東北北部域の言語」『岩手史学研究』96 号　岩手史学会

松本建速　2017「ミネルヴァ論争と蝦夷の考古学」『理論考古学の実践』同成社

宮家準編　1986『修験道辞典』東京堂出版

桃崎祐輔　1993「古墳に伴う牛馬供犠の検討―日本列島・朝鮮半島・中国智北地方の事例を比較して―」『古文化談叢』31 号

八木光則　2010『古代蝦夷社会の成立』同成社

八木光則　2011「古代北日本における移住・移民」『海峡と古代蝦夷』高志書院

八木光則編　1993『蕨手刀集成』盛岡市教育委員会

安田初男　1995「古代における日本の放牧に関する歴史地理的考察」『馬の文化叢書第 2 巻古代―馬と日本史 1』馬事文化財団

柳田国男　1917「山人考」〔1968『定本柳田国男集』4 巻所収　筑摩書房〕

柳田国男　1926『山の人生』〔1968『定本柳田国男集』4 巻所収　筑摩書房〕

山田秀三　1982『アイヌ語地名の研究 1 山田秀三著作集』草風館

山根一郎・松井健・入沢周作・岡崎正規・細野衛　1978『図説　日本の土壌』朝倉書店

山内清男　1932「縄文土器文化の真相」『ドルメン』1-4〔1997 年『山内清男・先史考古学論文集』第 1 冊示人社所収〕

山内清男　1939（1933 年刊行『日本遠古の文化』に註を追加〔1997 年『山内清男・先史考古学論文集』第 1 冊示人社所収〕

山内清男　1969「縄文時代研究の現段階」『日本と世界の歴史』1 巻　学習研究社

山本三生編　1930『日本地理大系　奥羽篇』改造社

吉井　巌　1977『ヤマトタケル』学生社

吉井良隆編　1999『えびす信仰事典』戎光祥出版

レヴィ＝ストロース，C.（福井和美訳）　2000『親族の基本構造』青弓社

レンフルー，コリン（橋本槙矩訳）　1993『ことばの考古学』青土社

和田晴吾　1992「群集墳と終末期古墳」『新版古代の日本 5 近畿 I』角川書店

渡辺　誠　1983『縄文時代の知識』東京美術

# あ と が き

　私が育ったのは、北海道洞爺村（現洞爺湖町）という人口 2500
人ほどの村の香川という地区でした。トーヤはアイヌ語、香川は日
本語です。明治 20 年（1887）以降に香川県から入植した方々に
よって開拓されたところです。北に隣接するマッカリ（真狩）村と
ルスツ（留寿都）村との境を流れるヌキベツ（貫気別）川沿いの林
に、アカアシクワガタやエゾミヤマクワガタを採りによく行ったも
のです。近くに廃屋がありました。記憶に残るアイヌ語地名は、川
と湖の名前だけで、地名の大部分は入植者が付けた日本語のもので
した。隣の豊浦町には大和という地名があり、聞いたことのある有
名な名前と同じなので、なんとなく不思議に思っていたものです。

　小学 3 年になったとき、副読本を使って洞爺村の歴史を学びまし
た。私が住んでいた香川は高台で夏でも涼しく、当時はビート、
じゃがいも、花豆などの畑が広がり、水田は沢状のところに少しあ
るくらいでしたが、村にはもう少し広く水田を作っている財田とい
う地区があることと、その名の由来を教えられ感激したものです。
そこは高台地区の南、湖沿いの標高の低い地区なのですが、涼しい
気候の村のなかにあって最初に米作りに成功し、そのような名前に
したとのことでした。

　このように自然と人間との関係が語られる内容の歴史は、とても
身近に感じられましたし、何よりも人々が原野を切り開いて畑にし
たということに感銘を覚えました。ただし教わったのは、入植後の

「日本人」のことだけでした。しかも歴史とは古いものだと思っていましたが、洞爺村ではひいおじいさんの代くらいに突然始まることがとても不思議でした。小学高学年、中学、高校では教科書に沿って日本の歴史を学びましたが、主に内地（当時の北海道では本州以南をこう呼びました）のことでした。当時の私は北海道を「日本」だと思っていましたから、教科書のなかの「日本」に北海道がほとんど見えないことにも不満を持っていました。歴史というのは誰かが話したいことを語るものなのだと感じ、興味を失いました。しかも学校で学ぶ歴史も大河ドラマ等で見る昔も戦が多いのが嫌でした。戦の理由に納得できるものはありませんでした。

　学校卒業後、岩手県で発掘調査をする仕事につきました。私たちが学んだ古代の東北の歴史といえば、エミシ征討の戦のことだけでしたが、東北で古代の遺跡を見るたびにそんな戦が本当にあったのか疑いを持つようになりました。北の人間たちが、常に「反乱」する者たち、「征討」されるべき人々として登場することが不思議でした。なぜ「反乱」を起こしたのか、その理由が一切書かれていませんでしたから。

　そして何より私にわからなかったのは、言葉の通じない異文化の人々と接する場合に、歴史上、戦争になるケースが多いということでした。言葉が通じないことで恐怖が生まれることもあるでしょう。しかし、人間どうし、最初におこなうのは殴り合いではなく、相互に理解しあおうとする工夫、言葉を越えた挨拶だと思っていました。

　考古学的に古代のエミシを探すうちに、文献に書かれたエミシ関連話のほとんどが作り話であることに気づき始めました。知らぬ人々が住む地域を武力で制圧しながら領土を広げるなどというのは

「思想」の一つの型です。実際には日本列島の北部にそんな事実はありませんでした。そこでおこなわれていた人々の交流は「激しい戦争」ではなく「頻繁な交易」でした。「激しい戦争」は「頻繁な交易」の言い換えでした。

　本書を書き始めたのは、2015年の春でした。古代の人々の「言葉」を基本に文化を捉え直し、私がこれまで書いたエミシ関連書籍を易しく書き直すだけの予定でしたから、1年くらいで書き上げるつもりでした。しかし、2015年の6月ごろから日本国政府が徐々に戦争が可能な国へと舵を切り、常に「国」を強調しようとする姿を見るうちに、このままでは「強い国」という幻想をばら撒き、戦争で経済を成り立たせることになるのではないかと心配になり、執筆が進まなくなりました。

　本来、一人ひとりの人間は戦争など望まないはずですが、「国」を持ち出せば、誰も責任をとることなく戦争ができる錯覚を持つようです。そのとき「国」は常に「国外」にその原因を求めます。実態などなくても。エミシと国の誕生も同じです。そこで、今、この時期にどうしても書かねばならないことをエミシに託すことにいたしました。エミシはまさに、国を誕生させるために、また、「国」を運営する側のそれぞれの私欲をカモフラージュする、それらのために利用されました。創られたエミシを考えるとは「国」が何であるかを考える一助にもなるのです。

　本書を執筆するに際し、多くの方々のお世話になりました。北海道への移住関連で、洞爺湖町香川の香川洋一さん、光一さん、そしてご家族、須恵器関連で、喜多方市教育委員会の植村泰徳さん、会津若松市教育委員会の小島克則さん、福島県立博物館の荒木隆さん、福島県文化財センターの大河原勉さん、南九州の地下式横穴墓

関連でえびの市教育委員会の中野和浩さん、黒ボク土関連で宮崎大学農学部の西脇亜也さん。一部しか反映できず、今後の課題が多く恐縮ですが、皆様のご協力に感謝申し上げます。

　最後になりますが、本書が形になりましたのは、同成社社長の佐藤涼子さんからの適切なアドバイスと、通説とは逆の説ばかり述べようとする私をいつも力強く励ましてくださる同社会長の山脇洋亮さんのおかげです。そして、編集の三浦彩子さんには本当にお世話になりました。癖のある文章を丹念にお読みいただき、わかりやすい素直な表現となるように数々のご指摘をくださいました。心よりお礼申し上げます。

　　　　2018 年 1 月

　　　　　　　　　　　　　　　　　　　　　松 本 建 速

市民の考古学⑮

# つくられたエミシ

■著者略歴■

松本建速（まつもと　たけはや）

1963 年　北海道生まれ。
信州大学大学院人文科学研究科修士課程修了。筑波大学大学院博士
課程歴史・人類学研究科単位取得退学。博士（文学）。現在、東海
大学文学部歴史学科考古学専攻教授。
〈主要著作〉
「蝦夷と蕨手刀」『物質文化』75 号（物質文化研究会 2003）、「蝦夷
と昆布」『海と考古学』（六一書房 2005）、『蝦夷の考古学』（同成社
2006）、『蝦夷とは誰か』（同成社 2011）ほか

2018 年 8 月 15 日発行

著　者　松 本 建 速
発行者　山 脇 由 紀 子
印　刷　亜細亜印刷㈱
製　本　協 栄 製 本 ㈱

発行所　東京都千代田区飯田橋
4-4-8 東京中央ビル内　㈱同 成 社
TEL 03-3239-1467　振替 00140-0-20618